프리덤, 어떻게 자유로 번역되었는가

야나부 아키라 지음 | 김옥희 옮김

AK

일러두기

1. 이 책은 국립국어원 외래어 표기법에 따라 외국 지명과 인명 및 상호명을 표기하였다.

2. 본문 주석 중 역자의 주석은 '역주'로 표시하였으며, 설명이 긴 경우에는 각주로 표시하였다. 그 밖의 것은 저자의 주석이다.

3. 서적 제목은 겹낫표(『 』)로 표시하였으며, 그 외 인용, 강조, 생각 등은 따옴표를 사용하였다.
   예) 『번역이란 무엇인가翻訳とはなにか』, 『번역의 사상翻訳の思想』

4. 이 책은 산돌과 Noto Sans 서체를 이용하여 제작되었다.

머리말

이 책에서 다루는 '사회', '개인', '근대'와 같은 번역어는 학문과 사상의 기본용어이지만, 중학교와 고등학교 교과서나 신문 등에도 자주 나오는 단어다. 하지만 일반 가정의 거실에서 가족들끼리, 혹은 직장에서 동료들끼리 편하게 주고받는 대화에서는 거의 쓰이지 않을 것이다. 교육수준이 매우 높은 사람의 가정에서도 사정은 마찬가지다. 만약 편안한 대화가 오가는 자리에서 이런 단어들을 입에 담으면 주위 사람들이 얼른 자세를 가다듬거나 분위기가 썰렁해질지도 모른다. 이런 단어들은 쓰이는 장소가 한정되어 있기 때문이다. 즉 일상어가 아니라, 책과 같은 활자의 세계나 학교, 혹은 일반 가정이라면 공부방 안에서만 쓰이는 용어다. 일상어와는 격리된, 이른바 다른 세계의 단어인 것이다. 우리는 생활 속에서 이런 단어들을 상황에 따라 구분해서 쓰고 있다. 예를 들어 어려운 책을 읽게 된 젊은이가 교실이나 친구와 토론하는 자리에서는 이런 딱딱한 어감의 단어를 종종 입에 담겠지만, 어머니 앞에서는 그러지 않는 식이다.

일본의 학문과 사상에서 쓰이는 기본 용어가 일상어와 분리되어 있었다는 것은 불행한 일이다. 그러나 거기에는 한자 수용 이후로 존재해온 뿌리 깊은 역사적 배경이 있다. 한편으로 보면 번역어가 일상어와 분리되어 있었던 덕에 근대 이후에 서구 문명의 학문이나 사상 등을 신속히 받아들일 수 있었던 셈이다. 하지만 이 책에서 여러 차례 지적했듯이 그 과정에서 겉으로 드러나지 않는 여러 형태의 뒤틀림 현상이 수반되었다.

일본에서 숙명적으로 일어난 이러한 현상이 과연 바람직한 것인지를 평가하기보다는 우선 사실 자체가 알려졌으면 한다. 그런데 그런 사실이 의외로 거의 알려져 있지 않아 이 책을 쓰게 되었다.

이 책에서 처음에 다룬 여섯 단어, 즉 '사회', '개인', '근대', '미(美)', '연애', '존재'는 에도막부(1603~1867) 말기에서 메이지시대(1868~1912)에 걸쳐 번역을 위해 만들어진 신조어이거나, 실질적으로 신조어에 가까운 단어다. 그 뒤에 다룬 네 단어, 즉 '자연', '권리(단, '권權'으로서)', '자유', '그'('그녀'는 신조어)는 원래 일본어에서 일상어로 쓰이던 것이 나중에 번역어로서 새로운 의미를 갖게 된 것들이다. 이 두 경우에서 드러나는 번역어로서의 문제점에는 약간의 차이가 있다. 특히 후자, 즉 이미 있는 일본어를 번역어로 사용한 경우에는 서로 다른 의미들이 혼재하게 되며, 게다가 서로 모순을 일으키는 중요한 문제가 발생한다. 또한 두 경우 모두 번역어 특유의 효과로 인해 의미가 불분명하고 모순이 생겨, 사람들이 의미를 파악하기가 힘들다는 공통점을 갖고 있다.

이 책에서 번역어 문제를 다루는 기본 방법에 대해서는 본문의 여러 곳에서 밝혔으나, 특히 세 번째 장에 해당하는 「근대」의 제2절에서 종합적으로 기술했다.

이 책에서 다룬 번역어를 주제로 나는 이제까지 다양한 측면에서 논의를 전개해왔다. 이 책의 내용과 연관되는 논문이 처음 실린 문헌은 다음과 같다.

「사회」: 저서 『번역이란 무엇인가翻訳とはなにか』, 호세이法政대학출판부, 1976

「개인」:『문학文学』 1980년 12월호, 이와나미서점岩波書店
「근대」:『도서図書』 1981년 1~3월호, 이와나미서점
「미」:『도서』 1981년 5~7월호
「연애」:『번역의 세계翻訳の世界』 1979년 10월호, 일본번역가양성센터
「존재」:『번역의 세계』 1980년 8~9월호
「자연」: 저서 『번역의 사상翻訳の思想』 헤이본사平凡社, 1977
「권리」, 「자유」, 「그」, 「그녀」: 저서 『번역이란 무엇인가』

이 책에서는 이제까지의 번역론 가운데 단어론을 총정리한다는 생각으로 위의 논문들의 내용을 상당 부분 삭제하거나 수정했다. 또한 읽기 쉽고 이해하기 쉽게 쓰려고 최대한 노력했다.

이렇게 해서 한 권의 책으로 완성되기까지 이와나미서점 편집부의 사카마키 가쓰미 씨에게 많은 도움을 받았다.

야나부 아키라

목차

제1장 사회(社會)
—society를 갖고 있지 않은 사람들의 번역법

1. society에 해당하는 일본어가 없었다

'사회(社會)'라는 단어는 오늘날 학문과 사상 관련 서적은 물론이고 신문, 잡지 등 우리가 일상적으로 접하는 온갖 활자 매체에서 쓰이고 있다. 게다가 비교적 중요한 의미가 담겨 있는 경우가 많다. '사회'는 society의 번역어다. 대략 메이지 10년대(1877~1886) 무렵부터 활발히 쓰이기 시작했으니까 역사가 약 1세기 정도 된 셈이다.

본래 society는 번역하기가 매우 어려운 단어였다. society에 해당하는 말이 일본어에 없었다는 것이 가장 큰 이유다. 해당하는 말이 없었다는 것은 곧 society에 대응할 만한 현실이 일본에 없었음을 의미한다.

그러다가 얼마 후에 '사회'라는 번역어가 만들어져 정착하게 되었다. 하지만 그렇다고 해서 '사회' 즉 society에 대응할 현실이 일본에도 존재하게 된 것은 아니다. 그리고 이러한 사정은 오늘날 우리가 쓰는 '사회'라는 단어와도 무관하지 않다. 따라서 society의 번역이 얼마나 어려운 일인지 실감했던 그 시대를 되돌아볼 필요성이 있다.

우선 society 또는 그에 해당하는 서구어를 일본어로 번역한 역사를 돌아보기로 하자.

1796년에 이나무라 산파쿠稲村三伯(1758~1811, 에도 시대 후기의 난학자-역주)가 만든 일본 최초의 네덜란드어-일본어 사전 『하루마화해ハルマ和解』에는 네덜란드어 genootschap이 '교제하다, 모이다'로 번역되어 있다. 이 사전에는 품사 개념이 정립되어 있지 않아, 원어는 명사인데 동사 형태로 번역된 것이다.

1814년에 나가사키의 통역관 모토키 마사히데本木正栄가 만든 일본 최초의 영어-일본어 사전 『안게리아어림대성諳厄利亜語林大成』에는 society가 '여반侶伴, ソウバン(소반)'으로 번역되어 있다. '여반侶伴'이란 오늘날의 '반려'와 같은 의미다. 'ソウバン(소반)'은 '상반相伴(서로 짝을 이룸. 또는 서로 함께함-역주)'을 뜻하는 것으로 추정된다.

1855년에서 1858년 사이에 앞에서 언급한 『하루마화해』를 토대로 가쓰라가와 호슈桂川甫周가 완성도를 높인 사전 『화란자휘和蘭字彙』에서 genootschap을 '모임 또는 집회'로 번역했다.

1862년, 호리 다쓰노스케堀達之助가 중심이 되어 편찬한 영어-일본어 사전 『영화대역수진사서(英和対訳袖珍辞書)』에는 society가 '동료, 교제, 일치'로 나와 있다. 이 사전은 에도막부 말기에서 메이지 초기[1]에 가장 널리 보급된 사전이다.

1864년, 에도막부 말기의 프랑스학 창시자인 무라카미 히데토시村上英俊의 『불어명요仏語明要』에서는 société가 '동료, 친하게 지냄, 교제'로 번역되어 있다.

1867년, 헵번식 로마자 표기로 유명한 헵번James C. Hepburn의 『화영어림집성和英語林集成』은 영일英和사전과 일영和英사전의 두 부분으로 나뉘어 있는데, 그중 영일사전 부분에서 society를 'Nakama ; kumi ; renchiu ; shachiu'로 설명하고 있다. 'Nakama'는 동료, 'kumi'는 패거리, 'renchiu'는 무리, 'shachiu'는 동아리를 뜻한다.

1873년, 시바타 쇼키치柴田昌吉와 고야스 다카시子安峻가 펴낸 영일사전인 『영화자휘英和字彙』에서는 society가 '동료, 조합, 동참자, 교제, 일치, 동아리'라는 뜻으로 나와 있다. 이 사전은 메이지 초반에 널리 사용되었다.

이상으로 훑어본 바에 의하면, society 또는 그에 해당

---

1) 에도막부(1603~1867) 말기가 몇 년부터라는 명확한 규정은 없다. 그러나 개국을 시작한 1854년부터를 '막말(幕末)'로 보는 것이 일반적이다. 그리고 메이지 초기는 대개 메이지 10년 즉 1877년까지를 뜻한다. 따라서 이 책에 자주 등장하는 '에도막부 말기에서 메이지 초기'는 대략 1854년부터 1877년까지, 즉 19세기 중반에 해당한다.

하는 다른 서구어에 대한 번역어가 하나같이 좁은 범위의 인간관계를 나타내는 말로 표현된 것을 알 수가 있다.

그렇다면 society 등의 서구어는 어떤 뜻이었을까? 1933년에 나온 『옥스퍼드영어사전』에는 society 항목이 다음과 같이 서술되어 있다.

(1) 동료에 해당하는 사람들과의 결합, 특히 친구끼리의 친밀감이 담긴 결합, 동료끼리의 모임.
(2) 같은 종류의 사람들끼리의 결합, 모임, 교제에서의 생활 태도, 또는 생활 조건. 조화를 이룬 공존을 목적으로 하거나 상호 이익, 방어 등을 위해 개인의 집합체가 이용하는 생활 조직이나 생활 방식.

이제까지 살펴본 일본 사전의 번역어는 하나같이 (1)의 뜻에 상당히 가깝다. (2)의 뜻을 취한 경우는 거의 없었다. (1)과 같은 뜻의 좁은 범위의 인간관계는 당시 일본에서도 비슷한 현상을 찾아볼 수 있었다. 하지만 (2)의 뜻에 해당하는 넓은 의미의 인간관계는 일본에 존재하지 않았다. 따라서 그것을 표현할 말도 없었던 것이다.

당시에 일종의 행정구역 단위로 '국国'이나 '번藩'과 같은 단어가 있었다. 하지만 society는 궁극적으로는 (2)의 서술과 같이 개인individual을 단위로 하는 인간관계다. 좁은 의미의 인간관계든 넓은 의미의 인간관계든 마찬가지다. 하지만 '국'이나 '번'에서는 사람들이 신분으로서 존재했지 개인으로서 존재하지 않아 society와는 다르다고 할 수 있다.

따라서 society를 번역할 때 가장 큰 문제는 (2)에서와 같은 넓은 범위의 인간관계를 일본어로 어떻게 파악할지에 있었을 것이다.

2. 후쿠자와 유키치의 번역어 '인간 교제'

후쿠자와 유키치福沢諭吉(1835~1901. 계몽사상가이자 교육자. 1860년에서 1867년 사이에 에도막부의 파견으로 세 차례 미국과 유럽을 여행한 경험을 기록한 『서양사정』을 통해 서양의 근대적인 제도와 기술을 소개했음-역주)는 1868년에 『서양사정 외편西洋事情 外篇』을 출간했다. 이 책은 서두 부분에서도 직접 밝히고 있듯이, 챔버스판 『경제론Political Economy, for use in schools, and for private instruction』(저자, 발행 연도 미상)을 번역한 것이다. 『경제론』이니까 당연히 society라는 단어가 자주 등장한다. 『경제론』에서 society가 포함된 구절의 원문, 그리고 참고를 위해 내가 시도한 번역과 후쿠자와 유키치의 번역을 차례로 소개하면 다음과 같다.

Society is, therefore, entitled by all means consistent with humanity to discourage, and even to punish the idle.

따라서 사회는 인도人道에 합당한 온갖 수단으로 나태한 사람을 억누르고 벌할 수 있는 권리를 부여받았다. (필자)

그러므로 인간 교제의 도道를 지키려면 나태함을 제지하고 그만두게 해야만 한다. 혹은 그것을 벌하는 것 역시 인仁을 행하는 방법이라 할 수 있다. (후쿠자와 유키치)

여기서 후쿠자와 유키치는 society를 '인간 교제'로 번역했다. 같은 책에서 그는 society를 '교제', '인간 교제', '사귐', '나라', '세상사람' 등 경우에 따라 다양하게 번역했는데, 그중에서도 '교제'와 '인간 교제'의 용례가 가장 많다. 이후로 후쿠자와 유키치가 자신의 저서에서도 '교제'나 '인간 교제'라는 단어를 써서, 이 단어들은 세상에 널리 퍼지게 되었다. 그런 영향으로 앞에서 언급한『영화자휘』의 번역어에도 '교제'가 포함되기에 이른 것이다.

그런데 앞의 번역문에서 '인간 교제'라는 번역어의 사용법에 주목할 필요가 있다. 원문의 society는 주어다. 그래서 나도 '사회는'으로 번역한 것이다. 그런데 후쿠자와 유키치의 번역문에서는 '인간 교제'가 주어로 쓰이지 않았으며 문장에 아예 주어 자체가 없다. 따라서 society를 '인간 교제'로 번역하기는 했지만, 그것은 '사회'처럼 그대로 치환이 가능한 번역어는 아니라고 할 수 있다. '인간 교제의 도를 지키려면'이라는 번역문은 원문의 'Society is entitled'에 해당하므로, 말하자면 society에 대응하는 곳에 '인간 교제'가 놓인 셈이다.

이것은 무엇을 뜻할까? 후쿠자와 유키치는 분명히 society의 번역어로 '인간 교제'를 사용했다. 하지만 한편으로 그는 '인간 교제'라는 말을 사용하면서 이 말이 본래 일본어로서 지닌 뜻을 고려하여 일본어 문장에서 쓰이는 단어의 전후 맥락에 맞춰 사용했다.

오늘날 우리가 society를 '사회'로 번역할 때는 그 뜻에 대해 깊이 생각하지 않고 쓸 수가 있다. 즉 번역자는 단어의 뜻을 '사회'라는 번역어에 떠맡기고는 그 뜻에 대해 책임을 지지 않아도 된다. 물론 단어를 쓰는 사람이 반드시 자신이 쓰는 단어의 뜻을 깊이 생각해야 하는 것은 아니다. 일본에는 society에 해당하는 고유어가 없었다. 하지만 일단 '사회'라는 번역어가 생겨나자, 사람들은 그 단어에 담긴 뜻에 대한 책임을 면제받기라도 한 것처럼 society와 기계적인 치환이 가능한 단어로서 '사회'를 쓸 수 있게 되었다.

'사회'는 그런 성격의 번역어였다. 그런 사실을 후쿠자와 유키치가 사용한 번역어 '인간 교제'가 일깨워준다.

3. '인간 교제'의 전망

후쿠자와 유키치는 '교제' 또는 '인간 교제'라는 단어를 그 후에도 society의 번역어로 썼다. 그뿐만 아니라 society에 대한 직접적인 번역이 아닌 자신의 저술에서도 이 단어를 자주 썼다. 게다가 그런 경우 '교제'가 일본 고유어이면서 동시에 society의 번역어라는 특징을 살리는 방식으로 썼다. 즉 '교제'라는 일본어는 본래 『옥스퍼드영어사전』의 (1)의 뜻, 즉 좁은 범위의 인간관계를 뜻한다. 그러나 후쿠자와 유키치는 이 본래의 뜻에서 출발하여 단어의 용법을 연구해서 『옥스퍼드영어사전』의 (2)의 뜻, 즉 넓은 인간관계를 나타내는 뜻을 만들어내고자 했다.

1875년에 출간된 『문명론의 개략文明論之概略』에 나오는 이 단어의 용례는 이런 사고의 전개과정을 잘 보여준다.

요컨대 '인간 교제'는 후쿠자와 유키치가 만든 말이며, 이 조어에 의해 '교제'는 이미 본래의 뜻에서 약간 벗어나 추상화되었다. '세간의 교제'라는 말은 흔히 쓰는 표현인데, 이 표현에는 '교제'의 주체가 없다. '인간 교제'는 '인간'이라는 '교제'의 주체를 분명히 밝히고 있다. 따라서 '인간 교제'라는 일본어의 어감에 당시 이미 약간의 저항감을 느낀 사람도 있었을 것이다.

『문명론의 개략』에서 후쿠자와 유키치는 한층 더 저항감을 불러일으켰을 것으로 추측되는 조어를 시도한다. '가족 교제', '군신君臣 교제'와 같은 단어를 쓴 것이다.

'가족'이라는 말은 본래 '교제'와 하나로 결합 가능한 말이 아니었다. 그런데 그것을 굳이 하나의 숙어로 결합함으로써 단어의 개념에 변화가 일어난 셈이다. '가족'이란, 구성원 개개인의 존재가 분명하지 않은 전체를 가리킨다. 특히 당시에는 더 그랬다. 한편 '교제'는 각각 독립된, 각각 대등한 인간을 전제로 한다. 따라서 '가족 교제'라는 표현은 '가족'도 '교제'를 한다는 의식을 불러일으킨다. 이런 표현을 만들어냄으로써 후쿠자와 유키치는 그런 의식을 창조했으며 독자의 의식을 환기한 셈이다.

'군신 교제'라는 표현은 더욱 저항이 큰, 모순된 의미가 포함된 용법이다. 그리고 바로 이 모순을 통해서 후쿠자와 유키치는 '군신'의 의미를 변화시키고, 그러면서 한편으로 '교제'라는 단어의 의미를 더욱더 추상화하고자 했다. 본래 '교제'의 의미 범주에 '군신'은 들어 있지 않았다. 후쿠자와 유키치는 '교제' 안에 '군신'의 개념도 포함함으로써 사람들에게 새로운 의미의 '교제'에 대한 전망을 펼쳐 보인다. 여기서 '교제'는 '인간'에게도, '가족'에게도, '군신'에게도 통할 수 있는 상위의 개념으로서 추상화되어 있다.

이러한 '교제'를 기본에 두고 볼 때, 일본의 현실에서 '교제'가 어떤 특징을 갖고 있는지가 분명하게 드러난다. 그 것은 '권력의 편중'이라는 실상이다.

> 일본에서 권력의 편중은 널리 인간 교제 속에 침윤되지 않은 곳이 없다. ……요즘 학자들 가운데는 권력에 대해 논하고자 할 때 오로지 정부와 인민만을 상대하여, 혹은 정부의 전제專制에 분노하고 혹은 인민의 발호를 비난하는 자가 많다고 하지만, 사실을 꼼꼼히 그리고 찬찬히 음미하면, ……적어도 교제가 있는 곳에는 반드시 권력의 편중이 있게 마련이다. 그런 경향을 형용해서 말하면, 일본 전국에 수많은 저울을 걸면, 그 저울이 크건 작건 하나같이 한쪽으로 기울어 평형을 잃는 것처럼, ……여기에 남녀의 교제가 있으면 남녀 권력의 편중이 있고, 여기에 부모와 자식 간의 교제가 있으면 부모와 자식 사이의 권력의 편중이 있고, 형제의 교제나 나이 든 사람과 젊은 사람 사이의 교제에도 이것이 있으며, 집 밖으로 나가 세상을 봐도 역시 그렇다. 사제주종師弟主從, 빈부귀천, 신참과 고참, 본가와 서가庶家, 이 모든 교제에 하나같이 권력의 편중이 존재한다.

참으로 예리한 일본문화 비평이다. 이것은 1세기가 지

난 현대의 일본인들에게도 절실하게 다가올 만한 지적이다. 이런 현실분석이나 비평의 밑바탕에 후쿠자와 유키치의 '교제'라는 개념이 있다. 후쿠자와 유키치가 사용해 의미가 확장된 '교제'라는 단어가 다른 한편으로 서로 대립하는 의미를 갖는 '편중'이라는 단어를 끌어내 전면으로 부각한 셈이다.

이처럼 후쿠자와 유키치가 '교제'라는 단어를 쓸 때는 society를 의식한 것이 분명하다. 하지만 그는 본래 "근대 시민사회란" 하는 식으로 society의 개념을 먼저 생각한 후에 그걸 바탕으로 사고를 전개해 분석하거나 비평하지 않았다. 이른바 연역적인 분석이나 비평이 아니었던 것이다. 오히려 그 반대였다고 할 수 있다. 일본인이 일상의 평범한 언어 감각으로 이해할 수 있는 개념을 토대로 출발한다. 그런 다음 단어 사용법에 대한 연구를 통해 의미의 모순을 이끌어내고, 그 모순에 의해 새로운 의미를 만들어갔다. 단순히 추상적인 단어로서만 연구한 것이 아니라, 현실 속에 살아 있는 의미의 중첩이 일어난 단어를 조작하고 조립해갔다. 그럼으로써 society에 필적할 만한 '교제'의 의미에 대한 전망을 펼쳐 나가고자 했던 것이다.

4. 나카무라 마사나오의 다양한 번역어

1872년, 나카무라 마사나오中村正直는 존 스튜어트 밀의 저서 On Liberty의 번역서 『자유지리自由之理』(국내에는 『자유론』으로 번역되어 있음-역주)를 펴냈다.

이 책에서 원문의 society의 번역어로 쓰인 단어는 실로 다양하다. 예를 들면 '정부', '동아리(즉 정부)', '세속', '동료', '인민의 회사(즉 정부를 말함)', '동아리회사(즉 정부)', '회사', '총체인總體人' 등이다. 이런 예들을 통해 society에 대응할 일본어가 없었던 상황에서의 번역의 어려움을 엿볼 수 있다.

그중에서도 특히 오늘날의 일본인이 보기에 가장 납득하기 어려운 것은 '정부'라는 단어가 들어간 번역어다. 게다가 그런 용례가 무척 많은데, 도대체 그 이유가 뭘까?

밀의 On Liberty의 우선적인 주제는 물론 liberty 즉 오늘날 '자유'라고 하는 것이다. 하지만 '자유'에 대립하거나 적대적인 것이 무엇인가 하는 점도 이 책의 중요한 테마였다.

이 책에서 밀이 생각한 liberty에 대한 최대의 대립자는 society였다. 정치 권력이 liberty의 대립자였던 시대는 선진국 영국에서는 몇 차례의 정치 혁명을 거친 후 일단 지나갔다. liberty에 대립하는 것으로서 society를 생각해낸 것은 밀의 독창적인 발견이며 시대를 앞서 가는 선각자로서의 업적이기도 했다.

한편 시기적으로는 거의 같은 때이지만 당시 봉건시대의 쇄국 상태에서 벗어난 직후였던 일본에서는 liberty에 대응할 만한 '자유'는 앞으로 확립해가야 할 과제였다. 일본에는 society에 대응할 현실도 단어도 없었다. 확립해가야 할 '자유'에 대한 대립자로서 당시에는 우선 '정부'라든가 '정부' 가까이에 있는 집단이나 세력을 떠올렸을 것이다. 내 생각으로는 아무래도 나카무라 마사나오가 society를 당시 일본의 상황 속에서 '자유'에 대립하는 것으로 일부러 바꿔서 해석해, 원문의 줄거리를 고쳐가면서 번역한 것 같다.

5. '사(社)'나 '회(會)'에서 '사회'로

『자유지리』에서도 쓰인 '사회'는 society의 뜻 중에서 좁은 쪽의 뜻이 담긴 말이었다. 이것은 아마도 메더스트 W. H. Medhurst의 영어-중국어 사전인 『영화자전英華字典』

(1847~1848)의 영향이 아니었을까 하는 생각이 든다. 『영화자전』에서 society의 번역어는 '회會, 결사結社'로 나와 있으며, 그 예로 '백련사白蓮社(중국 동진東晉의 승려 혜원이 402년에 만든 염불 수행의 결사-역주)', '백련회白蓮會' 등을 들고 있다.

같은 목적을 가진 사람들의 모임이나 그 모임의 이름에 '사社'라는 말을 쓴 경우는 일본에서 메이지시대가 시작된 1868년 이전에 이미 있었다.

그러다가 메이지 초기에는 이 '사'라는 말이 하나의 유행어가 되었다. 학식 있는 사람들의 모임인 '문학사文学社', 세이난西南 전쟁(1877년 사이고 다카모리西郷隆盛를 중심으로 메이지 정부에 대한 불평을 가진 사족士族들이 일으킨 최대 규모의 반정부 내란-역주) 당시의 구호단체인 '박애사博愛社' 등과 같이 널리 민중들 사이에서도 '사'를 결성해 '○○사'라는 이름하에 사람들이 모이는 경우가 종종 있었다. '신문사'라는 표현도 메이지 초기부터 쓰였다. 그리고 아마도 이런 '사' 유행의 중심에 메이지 6년, 즉 1873년에 결성된 '메이로쿠사明六社'가 있었을 것이다. 메이로쿠사는 후쿠자와 유키치, 니시 아마네西周, 가토 히로유키加藤弘之, 모리 아리노리森有礼, 나카무라 마사나오 등 당시의 대표적인 지식인들을 모아 집회를 열고『메이로쿠 잡지明六雜誌』를 발행하여, 서구의 신사상의 계몽에 노력하는 등 시대의 최첨단을 걷는 화려한 존재였다.

그럼『메이로쿠 잡지』를 중심으로, society와 일본에서 통용되던 한자어 '사'와 '회' 간의 대응관계를 살펴보기로 하자. 1874년에 니시 아마네는 이 잡지 제2호에 실린「비학자직분론非学者職分論」이라는 제목의 글에서 이렇게 쓰고 있다.

> 즉 민간의 기개가 발휘되면 사회가 형성되어 매우 바람직하다. 붕당朋黨이 흥하면 결국 봉기가 시작되어 바람직하지 않다.

'사회가 형성되어'라고 할 때의 '형성되다'라는 술어는 '사'나 '회사' 등을 주어로 해서 자주 쓰였으므로, 여기서 '사회'는 '메이로쿠사'처럼 목적의식을 갖고 모인 사람들의 집합을 가리키는 듯하다.

앞서 서술한『자유지리』에서 society를 여러 단어로 번역한 나카무라 마사나오는 1874년에 나온『메이로쿠 잡지』 제16호에 다음과 같이 썼다.

> 각각의 회사를 세우고 공동의 이익을 도모하는 것을 '소사이어티society'라고 한다. 따라서 '소셜 오더social order'는 전국의 병사 · 농부 · 기술자 · 상인 · 예술가 · 회사 등이 총체적으로 조화롭게 질서를 유지하는 것을 말한다.

여기서는 '회사'를 society 안에 포함된 것으로 서술하고 있다. 하지만 『옥스퍼드영어사전』에 제시된, 친한 동료끼리의 모임이라는 society의 좁은 뜻보다는 넓은 뜻에 조금은 가까워진 듯하다.

이듬해인 1875년, 『메이로쿠 잡지』 제30호에는 모리 아리노리의 다음과 같은 기술이 실려 있다.

> 가령 이 건물을 음회音會, 악회樂會, 교회敎會, 화회畵會, 상회商會, 강회講會, 논회論會 등 여러 가지 유익한 모임에 사용하는 식이다.
>
> 작년 겨울에 사회 연설에 관한 법이 제정된 이후로 마침내 '소사이어티'의 체제를 갖추기에 이르렀다. 하지만

그 이후로 아직 이에 대해 토론하고 비평하는 단계에는 이르지 못했다.

여기서 '사회'는 그 앞에 '음회音會, 악회樂會, 교회敎會…' 등이 나오므로, '사'의 '회'를 말하는 것 같다. 그 다음에 이어지는 '소사이어티'는 society의 좁은 뜻에 해당한다.

이렇게 해서 메이로쿠사에 속해 있던 사람들 사이에서는 이 무렵에 '사회'나 '회사'라는 단어를 society와 상당히 가까운 뜻으로 쓰게 되었다. 하지만 앞에서 언급한 society의 좁은 뜻에는 근접했으나 넓은 뜻 쪽으로는 좀처럼 다가가지 못했다.

또한 메이로쿠사의 동인이었던 후쿠자와 유키치는 1876년에 그 유명한 계몽서『학문의 권장学問のすすめ』(국내에『학문의 권장』,『학문의 권유』,『학문을 권함』등의 제목으로 번역되어 있음-역주)을 썼는데, 그 책의 17편에 이런 구절이 있다.

사군자士君子가 세간의 영예를 추구하지 않음은 충분히 칭송할 만하지만 영예를 추구할지 여부를 결정하기 이전에 먼저 영예의 성격을 분명히 밝혀야만 한다. 그 영예라는 것이 결국 허명虛名의 극치로서 병원의 번지르르한 현관, 약국의 요란한 간판과도 같다면 물론 당연히 그것을 멀리하고 피해야 하겠지만, 한편으로 보면 사회의 인사人事가 전부 허虛로써 이루어지는 것은 아니다. 사람의 지덕은 꽃나무와 같고 사람의 영예와 덕망은 꽃과 같다.

여기서 '사회'는 다음 절에서 설명하듯이 인용문 처음 부분의 '세간'과 대립하는 뜻으로 쓰여, society의 넓은 뜻에 가깝다고 할 수 있다.

아마도 이 무렵에 '사회'라는 단어는 society의 번역어로서, 혹은 직접적인 번역어가 아닌 경우에도 『옥스퍼드영어사전』 (2)의 뜻에 가까운 단어로서 쓰이기에 이르렀던 것 같다.

6. '사회'와 '세간'

앞에서 인용한 『학문의 권장』에서의 '사회'라는 단어에 대해 좀 더 깊이 생각해보기로 하자.

나는 여기서 '사회'는 처음 부분의 '세간'과 대립한다고 했다. 그렇다면 어떤 식으로 대립하는 걸까?

우선 단적으로 말해서 '사회'는 좋은 의미, '세간'은 나쁜 의미다. 이 말들이 쓰인 전후 문맥을 보면 알 수가 있다. '사회'의 인사, 즉 '사회'에서 일어나는 일은 허虛가 아니다. 하지만 '세간'의 영예는 사군자, 즉 학문에 도통하고 덕이 높은 사람이 추구할 것이 못 된다는 것이다.

또한 '사회'의 의미는 추상적이고, '세간'의 의미는 구체적이다. 각각의 단어에 연결된 문장에서의 의미 전개를 보면 알 수가 있다. 즉 '사회'는 "사람의 지덕은 꽃나무와 같고…"라는 추상적인 문구에 연결되어 있으나, '세간'은 "병원의 번지르르한 현관, 약국의 요란한 간판과도 같다면…"과 같은 구체적인 묘사로 연결된다.

후쿠자와 유키치의 이런 초기 용례는 '사회'라는 말이 '세간'과 대비되어 긍정적인 가치와 추상적인 의미를 가진다는 것을 보여주는 전형적인 예인데, 그 후로는 일본의 문헌 곳곳에서 비슷한 현상을 볼 수 있다.

예를 들어 1887년부터 1889년에 걸쳐 발표된 후타바테이 시메이二葉亭四迷의 『뜬구름浮雲』에 다음과 같은 용례가 나온다.

우선 세간의 처자들을 보시오. ……공부 같은 건 제쳐 두고 그렇다고 해서 반드시 색을 밝히거나 하지는 않는 자들이지만, ……

나리들, 요즘 소위 말하는 관료님들, 훗날 사회의 공복公僕으로 일컬어질 분들…….

이 인용문에서 '세간의 처자들'과 '사회의 공복'이라는 각각의 용례를 좀 더 주의 깊게 살펴보면 앞서 서술한 바와 같은 대립관계를 확인할 수가 있다.

'세간'이라는 말은 '사회'와 달리 일본어로서 이미 천 년 이상의 역사를 가진, 어감이 풍부한 일상어다. 그 의미는 사실 society와 통하는 부분이 많다. 예를 들어 요즘의 국어사전에는 '사회'에 대한 설명문 중에 '세간'이라는 말이 나오는가 하면 '세간'에 대한 설명에 '사회'가 나오기도 한다.

그러나 '세간'을 society의 번역어로 쓴 예는 의외로 드물다. 그리고 '사회'라는 번역어가 일단 정착하자, 그와는 대조적으로 '세간'은 번역 문장에서 거의 자취를 감추게 된다. 이런 사실을 통해 우리는 오히려 '사회'라는 번역어가 앞에서 서술한 것과 같은 중요한 특징을 갖고 있음을 이해할 수가 있다. 즉 긍정적인 가치를 지니며, 또한 의미 내용이 추상적이라는 특징 말이다.

7. 뜻이 명확하지 않아 오히려 남용되는 번역어

이런 현상은 '사회'에 국한된 것은 아니다. 일본의 번역어에 나타나는 일반적인 특징이라고 할 수 있다. 번역어는 선진 문명을 배경으로 한 품위 있는 외래어이며, 비슷한 뜻의 일상어에 비해 어감이 좀 더 고상하고 고급스러운 것처럼 막연히 느껴졌다.

물론 이것은 외래문화의 수용에 적극적이던 시대와 그 시대 사람들 사이에서의 일로, 그 반대의 상황에서는 이 말은 거의 가치가 없거나 심지어는 부정적인 가치를 지니기도 했다. 예를 들어 '사회'라는 말을 쓰는 것만으로도 불온사상을 가진 자로 간주되는 시대가 이윽고 도래하게 된 것이다.

한편 의미 내용이 추상적이라는 것은 곧 단어가 지식으로서 들어와 구체적인 용례가 부족함으로 해서 그 의미가 명확하지 않아 이해하기 힘듦을 뜻한다.

그리고 번역어는 이렇게 뜻이 명확하지 않은데도 막연히 긍정적이고 좋은 의미를 가진 것으로 여겨져 한때 마구잡이로 남용되어 유행어가 되기도 했다. 예를 들어 '사회'라는 번역어가 쓰이기 시작한 1876년에 출간된 나카지마 가쓰요시中島勝義와 세키 신고関新吾의 『속몽경담俗夢驚談』이라는 책에는 '사회'라는 단어가 자주 사용되었는데, 그 용례는 다음과 같다.

> 이른바 국적반민國賊反民의 의미에 대해 개명진척開明進陟의 오늘날에 단순히 하등 사회의 문맹자들만이 아니라 글을 읽고 책을 해석하여 당당히 천하에 관심을 갖고 있다고 자부하는 상등 사회의 학자나 문인 역시 그릇된 생각에서 벗어나지 못한다.

즉 '국적반민'이라는 말의 의미에 대해서는 교양 없는 '문맹자들'만이 아니라 '학자나 문인'까지도 오해하고 있다는 것이다. 그러나 언뜻 보기에도 이 문장에서 '사회'라는 단어는 문맥상 거의 의미가 없다. '사회'를 빼도 전체의 의미에는 거의 변화가 없을 정도다. 이 책 전체에 이런 식의 용례가 많다.

사람들은 뜻이 명확하지 않은 말을 쓰기를 주저할 것 같지만 오히려 더욱 적극적으로 쓰는 경우도 많다. 앞에서 인용한 문장 역시 그런 예에 속한다. 이 글의 필자만이 아니었다. 당대의 수많은 사람들, 새로운 지식을 추구하는 수재들의 정신에도 유사한 현상이 일어났을 거라고 생각한다.

그런데 society의 번역어로 왜 '사회'만 남은 것일까? 일본에서 옛날부터 써온 '교제'나 '세간'과 같은 말은 society의 의미를 제대로 반영하지 못했기 때문이라고 일단 생각해볼 수 있다. 그러나 의미가 통하는 부분도 분명히 있었다. 그에 비해서 '사회'는 society의 번역을 위한 신조어나 다름없다. 오래된 한자어이지만, 일본에서의 용례는 극히 드물었다. 따라서 번역어 '사회'는 오히려 '사'와 '회'를 새롭게 조합해 만든 단어였다고 해야 할 것이다. 새롭게 만들어진 '사회'에는 본래의 '사'의 어감도, '회'의 어감도 거의 남아 있지 않다. 이렇게 해서 만들어진 번역어 '사회'에는 확실히 society와 의미가 어긋나는 부분이 거의 없다. 하지만 통하는 부분 역시 거의 없다고 할 수 있다.

그 무렵 만들어진 번역어에는 이런 식으로 한자 두 글자로 이루어진 신조어가 많다. 특히 학문이나 사상의 기본 용어에 그런 경우가 많다. 외국에서 들어온 새로운 의미의 단어에 대해 일본인에게 친숙한 단어를 대응시키지 않음으로써 의미의 어긋남을 피하고자 했던 것 같다. 하지만 그럼으로 해서 필연적으로 뜻이 명확하지 않은 단어를 만들어내게 되었다.

일단 단어가 만들어지면, 사람들은 그 단어의 뜻이 명확하지 않으리라고는 생각하지 않는 법이다. 모든 말에는 당연히 명확한 뜻이 담겨 있을 거라고 생각하는 것이다. 쓰는 당사자는 잘 모르더라도 단어 자체에 심오한 의미가 담겨 있다고 믿게 마련이다. 어쩌면 잘 모르기 때문에 오히려 남용되는 경향이 있는지도 모른다. 이런 단어는 문맥상 다른 단어와의 구체적인 연관성이 부족하더라도 막연히 관련이 있을 거라는 믿음에 의해 사용된다.

제2장 개인(個人)
—후쿠자와 유키치의 고군분투

1. 이해하기 힘든 단어였던 individual

individual은 오늘날 '개인'으로 번역되는데, 그 근원지는 아무래도 에도막부 말기에 일본에도 널리 퍼져 있던 여러 종류의 영어-중국어 사전이었던 것 같다. 모리슨Robert Morrison의 『영화자전英華字典』(1822)에서는 individual이 '단單, 독獨, 단일개單一個'로 설명되어 있으며 다음과 같은 예문이 제시되어 있다.

There is but a single individual there.

그리고 이 문장은 "홀로 일개인一個人이 저기에 있다"로 번역되어 있다. 즉 '일개인'이라는 형태로 '개인'이라는 말이 사용된 것이다. 메더스트의 『영화자전』(1847~1848)에는 individual이 이렇게 설명되어 있다.

a single person, 단신독형單身獨形, 독일개인獨一個人, 인가人家

my individual self, 본신本身

individuality, 독자獨者, 독일자獨一者

이 중에서 '독일개인'은 뒤에 서술하듯이 후쿠자와 유키치의 용례도 있는데, 이미 '개인'이라는 말이 포함되어 있다는 점에서 주목할 가치가 있다.

이어서 에도막부 말기부터 메이지 초기까지 널리 사용된 롭셰이드W. Lobsheid의 『영화자전』(1866~1869)에는 우선 형용사로서의 individual에 대한 설명 중에 이런 예가 나온다.

an individual man, 일개인一個人

그리고 명사로서의 individual 항은 다음과 같이 설명되어 있다.

a single human being, 독일개인獨一个人, 독일자獨一者
an individual animal, 일척수一隻獸

여기에서 '개个'는 '개個'와 같은 뜻으로, 앞에서 거론한 바 있는 메더스트의 『영화자전』을 계승하고 있음을 알 수가 있다.

이런 식으로 검토해가다 보면 영어-중국어 사전에 등장했던 '개인'이라는 번역어가 메이지 10년대(1877~1886)에 쓰이기 시작해 오늘날까지도 그대로 이어져 내려온 것처럼 생각되겠지만, 사실은 그렇지가 않았다.

당시의 일본인들은 individual이라는 단어의 뜻을 이해하기가 매우 힘들었다. 그것은 society라는 단어를 이해하기 힘들었던 것과 본질적으로 유사하다. 앞 장에서 언급했듯이 individual과 society는 서로 밀접한 관계를 가진 단어인 셈이다.

마침내 society가 '사회'로 번역될 무렵에, individual은 '일개인'으로 번역되는 경향이 급속도로 확산되더니, 그 후에 '일'이 떨어져나가 '개인'이 되었다. 그러나 '사회'라는 번역어가 society라는 단어의 번역 문제를 해결했다고는 결코 말할 수 없듯이, '일개인'이나 '개인' 역시 individual의 의미를 제대로 전달해주는 번역어는 아니었다. '개인'의 '개'는 한 개, 두 개 하고 셀 때의 '개'이며, 그 '개'에 '인'이 조합된 '개인'이라는 복합어는 일본어에서 본래 쓰이던 한자의 어감과는 상당한 거리가 있었음에 틀림없다.

'일개인'이나 '개인'이라는 번역어의 등장은 오히려 원어

individual의 뜻을 전하는 방식의 번역을 포기하고, 영어-중국어 사전의 영향을 받아 위화감이 느껴지고 의미가 불분명한 한자 조어로 도피한 것으로 볼 수 있다. 즉 society에 대해 '사회'라는 번역어가 등장한 것과 비슷한 현상이다. 그 과정을 구체적으로 살펴보기로 하자.

2. '혼자', '인민각개(人民各箇)', '일신(一身)의 품행'

individual은 에도막부 말기에서 메이지 초기 사이에 '혼자'로 번역되는 경우가 많았다. 앞에서 언급한 『영화대역수진사서』(1862)에는 이렇게 나와 있다.

일체一體. 일물一物. 혼자.

명사 individual에는 사물을 가리키는 뜻과 사람을 가리키는 뜻이 있는데, 사람을 가리키는 경우에는 '혼자'로 번역된 것이다.

헵번의 『화영어림집성』(1867)에는 다음과 같이 나와 있다.

h'totsz ; h'tori ; ichi-nin

즉 '하나, 한 명, 일인一人'이라는 뜻이다. 『영화자휘』(1873)에는 '일인'으로 나와 있다.

그런데 서구의 사상서들을 번역할 때, individual이라는 단어가 그런 책에서 차지하는 비중이 매우 크다는 것을 번역자들은 어떤 식으로든 느낄 수가 있었을 것이다. 따라서 '혼자'라는 말로는 아무래도 충분하지 않다고 생각한 것은 오히려 당연하다고 할 수 있다.

이제 나카무라 마사나오의 『자유지리』(1872)의 경우를 보기로 하자.

> 동료 회소會所(즉 정부)에서 인민각개人民各箇에 대해 시행하는 권세의 한계를 논함.
>
> 묻건대 그렇다면 정부에서 일개인민 위에 가하는 권세의 정당한 한계는 어떠한가?

밀의 원문은 다음과 같다.

> OF THE LIMITS TO THE AUTHORITY OF SOCIETY

OVER THE <u>INDIVIDUAL</u>

What, then, is the rightful limit to the sovereignty of the <u>individual</u> over himself?(J. S. Mill: On Liberty, 1859)

이것은 제4장의 소제목과 서두 부분이다. 원문의 소제목에서 INDIVIDUAL은 THE AUTHORITY OF SOCIETY와 대립하는 말이다. 여기서 우리는 서구인의 기본 사고방식 중 하나인 individual과 society의 대립적인 도식을 확인할 수가 있다. 인용문에 제시했듯이 나카무라 마사나오는 the authority of society를 '정부'라는 단어를 포함하는 '동료 회소會所(즉 정부)'로 번역한 셈인데, individual은 이 위압적인 존재와 이론상으로 대등하게 대립하는 것이어야만 한다. 그러기에는 '혼자'라는 말은 약하다. 네 글자의 한자어로 이루어진 '인민각개'는 어찌 되었든 당당한 느낌이 든다. 그 다음 문장에서도 '일개인민'과 '정부'가 대립하고 있다.

그리고 나카무라 마사나오는 『자유지리』에서 individual을 '인민개개', '인민일개', '자기일개' 등으로 번역하고 있다. 하나같이 '일'이나 '각', '개' 등과 같이 '혼자'라는 뜻을 포함하면서 사자성어와도 같은 네 글자의 장중한 표현을 취한 점이 흥미롭다.

나카무라 마사나오와 후쿠자와 유키치 등과 함께 메이로쿠사를 결성해 서구 문화의 소개에 힘쓴 니시무라 시게키西村茂樹는 1875년에 『메이로쿠 잡지』에 발표한 「서어십이해西語十二解」라는 제목의 글에서 기조François Pierre Guillaume Guizot(1787~1874. 프랑스의 정치가이자 역사가-역주)의 『유럽문명사』를 소개하고 있다. 그 글에 다음과 같은 기술이 나온다.

> 따라서 일신의 품행과 동료와의 교제가 모두 충분한 지위에 이르는 것을 '시빌리제이션civilization'이라고 해야 한다고 한다. 일신의 품행이라는 말에는 지식, 행실, 어진 마음, 취향, 재능, 도덕심 등의 개발과 향상의 뜻이 포함되어 있다. 앞에서 언급한 두 학자의 말에 의하면, '시빌리제이션'은 두 가지 측면으로 그 모습을 드러내는 것으로, 두 가지 측면이란 하나는 동료와의 교제이고, 다른 하나는 일신의 품행을 의미한다.

즉 기조는 『유럽문명사』에서 문명의 기본적인 두 요소

를 society와 individual로 보고 있다는 것이다. 이 인용문에서 니시무라 시게키가 말하는 '동료와의 교제'는 society의 번역어이고, '일신의 품행'은 individual의 번역어임을 알 수가 있다. 그는 같은 논문에서 individual에 대응하는 단어로 '인민각개'와 같은 나카무라 마사나오의 번역어를 계승하여 쓰기도 하지만, 『유럽문명사』의 기본 구상을 소개하려고 특별히 '일신의 품행'이라는 번역어를 생각해낸 것으로 보인다. 이러한 발상의 유래는 이 인용문의 앞에 나오는 다음 구절에서도 엿볼 수가 있다.

> 대체로 도시에 사는 사람은 시골에 사는 사람에 비하면 열린 지식과 훌륭한 습관을 갖고 있는 데다 품행도 고상하기 때문에, ……

즉 individual을 civilization의 중요한 요소로 보는 기조의 생각을 civilization의 본래의 의미를 살려 '도시에 사는 사람'으로 이해하고, 그 내용 중 하나를 '품행'이라는 일본어 문맥으로 파악한 것이다. civilization이란 본래 city의 형용사 civil의 명사형이기 때문이다.

이렇게 해서 생겨난 '일신의 품행'이라는 번역어는 individual의 의미를 지나치게 도덕적인 면에 치중해 부각한 느낌을 준다. 하지만 이런 번역어를 통해 우리는 역자가 individual이라는 단어의 중요성을 원문 속에서 파악한 후에 그것을 일본어 문장의 문맥 속에서 어떻게든 표현하기 위해 얼마나 고심했는지를 충분히 헤아릴 수 있다.

3. 후쿠자와 유키치의 번역어 '사람'

후쿠자와 유키치는 individual을 '사람'이라는 단어로 번역했다. 어떤 때는 '사람', 또 어떤 때는 '사람 각각', '한 사람의 국민', '사람들', '인민' 등으로 번역하기도 했지만, 거의 '사람'이라는 단어를 썼다.

이런 말들을 보면 하나같이 특별히 번역어라는 느낌이 들지 않을지도 모른다. 그러나 그의 번역들을 꼼꼼히 원문과 대조해 보면, 그가 『서양사정 외편』(1868) 이후로 individual이라는 바다 건너 들어온 단어를 고유어인 '사람'이라는 단어를 사용해 받아들이려 했음을 알게 된다.

후쿠자와 유키치가 쓴 「일신의 자유를 논함一身の自由を論ず」이라는 제목의 글이 있는데, 거기에는 1863년에 나

온 웨일랜드Francis Wayland의 『도덕론The Elements of Moral Science』을 번역한 것으로 보이는 부분이 많이 포함되어 있다. 정확한 집필 시기는 알 수 없으나 메이지 초기일 것으로 추정된다. 그 일부를 원문과 대조해보기로 하자.

> Every human being is, by his constitution, a separate, and distinct, and complete system, adapted to all the purposes of self-government, and responsible, separately, to God, for the manner in which his powers are employed. Thus, every <u>individual</u> possesses a body, ……

> 사람의 일신은 다른 것과 분리되어 하나의 전체를 이루고, 스스로 그 몸을 제어하고, 스스로 마음과 힘을 사용하고, 하늘에 대해 책임을 져야 한다. 그렇기 때문에 사람 각각에게 신체가 있는 것이다.

여기서 원문의 individual은 후쿠자와 유키치의 번역문 마지막 부분에 있는 '사람'에 대응하는 말이다.

그런데 '사람'은 극히 평범한 일본어이므로, individual의 번역어 이외에도 자주 쓰일 수밖에 없다. 그에 비해 individual은 유럽 역사에서 가령 man이나 human being 등과는 사상적인 배경이 다른 단어다. 신에 대해 혼자인 인간, 그리고 사회에 대해 궁극적인 단위로서 혼자인 인간이라는 사상과 함께 쓰인 단어인 것이다. individual이라는 단어의 용례를 보면, 번역자는 어쩔 수 없이, 혹은 막연하게나마 그런 철학적 배경을 느끼지 않을 수 없다. 그렇기 때문에 당시에 '일개인민', '일신의 품행' 등과 같이 다소 위압적인 느낌의 번역어가 쓰인 것이다. 이런 번역어는 원어 individual과 똑같지는 않더라도 적어도 평범한 일본어로 받아들일 수 있는 단어는 아니라는 느낌을 독자에게 준다. 따라서 독자는 아무렇지도 않게 읽어 넘길 수가 없다. 잘은 몰라도 뭔가 깊은 의미가 있을 것 같은 느낌을 받게 되는 것이다.

그에 비해서 후쿠자와 유키치가 사용한 '사람'이라는 번역어는 물론 독자들이 쉽게 이해할 수 있는 말이다. 그런만큼 독자들은 원어 individual과 '사람' 사이에 존재하는 의미의 어긋남을 전혀 느낄 수가 없다. 이것은 후쿠자와 유키치처럼 흔히 쓰는 일상어를 번역어로 쓴 경우의 단점이다. 그러나 후쿠자와 유키치의 이런 번역 방법은 individual의 의미 중 어느 부분은 전달하지 못했다 할지라도, 한편으로는 individual의 번역어로 쓰인 '사람'이라는 단어의 의미를 미묘하게 바꾸어갔다는 점에 주목해야 한다. '사람'이라는 단어는 후쿠자와 유키치의 번역문 안에서 종래의 고유어에는 없던 새로운 문맥을 만들어냈다. 위에서 인용한 문장에서는 특히 God의 번역어인 '하늘'이라는 단어와의 관계가 그런 예에 속한다. 즉 '하늘'에 대해 책임을 지며 홀로 있는 '사람'이라는 사고가 표현되어 있으며, 그럼으로써 '사람'이라는 단어가 예전에는 없던 새로운 의미를 떠맡게 된 것이다. 그런 예는 『학문의 권장』 서두에 나오는 유명한 문장, 즉 "하늘은 사람 위에 사람을 만들지 않고 사람 아래에 사람을 만들지 않는다"에서의 '하늘'과 '사람'에서도 찾아볼 수가 있다.

4. 평이한 단어를 사용한 번역의 어려움

후쿠자와 유키치는 번역어 문제에 대해 당시 대다수의 지식인들과는 기본적으로 다른 생각을 갖고 있었다. 『후쿠자와 전집 서언福沢全集緒言』(1897)에서 그는 자신의 과거의 번역 방식을 회고하며 다음과 같은 경험을 털어놨다.

> 친구가 문장 중의 외국어 단어 하나를 가리키며 물었다. "그런데 이 단어를 뭐라고 번역해야 할까? '맞추다'라는 뜻인데 막상 적당한 번역어가 떠오르지 않아서 말이네. 자네는 이제까지 여러 차례 번역을 해봤으니, 이런 단어를 만났을 때는 어떻게 하는지 알려주겠나?" 하고 상의를 하기에 나는 큰소리로 웃으며 말했다. "자네는 지금 입으로는 번역어가 떠오르지 않는다고 하면서 바로 그 입으로 이미 적당한 번역어를 내뱉지 않았는가? 자네가 말했듯이, '맞추다'는 평이한 일본어이면서 흠잡을 데 없는 번역어라네. 나라면 당장에 '맞추다'로 번역하겠네. 자네 같은 사람들이 서양 원서를 번역할 때 한자어만 쓰려고 하는 이유가 대체 뭔가?"

요컨대 한자어를 사용하지 않고 일본 고유어로 번역하겠다는 것이 후쿠자와 유키치가 세운 번역의 대원칙이었던 것이다.

이렇게 '평이한 일본어'로 번역해서 완성되는 번역문이 제대로 된 일본어 문장이며, 번역자의 사고도 그런 일본어에 의해 이루어진다. 하지만 번역 대상인 원서가 새롭고 이질적인 사상을 담고 있는 경우에는 종래의 일본어 문장과는 다른 방식으로 서술할 수밖에 없다. 따라서 번역자는 '평이한 일본어'를 소재로 단어의 조합을 궁리하고, 문맥상의 새로운 관계를 만들어내려고 하는 것이다. 이러한 새로운 방식의 단어 사용, 그렇게 해서 탄생한 구문 속에서 '평이한 일본어'의 의미도 변질된다. 그렇게 해서 '사람'은 '하늘' 앞에 독립된 하나의 존재가 되고, '교제'는 눈에 보이지 않는 범위의 수많은 사람들과 맺는 평등한 인간관계를 뜻하는 말로 변한 것이다.

그런데 후쿠자와 유키치를 제외한 당시의 많은 지식인들은 왜 이런 방식을 취하지 않은 걸까? 왜 한자어만 쓰려했던 걸까?

여기에는 매우 뿌리 깊은 문제가 내재해 있다. 간단히 말하면 여기에는 지난 천몇백 년 동안 일본이 중국 등의 선진 문화를 한자라는 문어文語를 통해 받아들인 역사적 배경이 있는 것이다. 일본은 일관되게 번역을 통해 선진 문화를 받아들인 나라다. 번역되어야 할 선진 문명의 단어에는 반드시 '평이한 일본어'로는 표현이 불가능한 의미가 있게 마련이다. 중요한 단어일수록 더 그렇다. 후쿠자와 유키치가 앞의 인용문에서 말한 것과 같은 완벽하게 '흠잡을 데 없는 번역어'는 사실상 '평이한 일본어'에서는 찾을 수가 없다. 그래서 그런 표현하기 어려운 의미를 한자어에 떠넘긴 것이다. '인민각개'나 '일신의 품행'도 그런 예라고 할 수 있다.

여기서 중요한 것은 이런 한자어의 의미가 원어 individual에 딱 들어맞지는 않는다는 점이다. 그런 단어들을 아무리 쳐다보고 생각해봐도 individual의 의미를 발견하는 것은 불가능하다. 단지 그런 새로운 문자의 저 어딘가에 individual의 의미가 있다는 약속만을 발견할 수 있을 뿐이다. 하지만 그것은 번역자가 제멋대로 한 약속이므로 다수의 독자들은 역시 이해를 못한다. 하지만 독자들은 잘은 몰라도 일본의 오랜 전통으로 인해 어려워 보이는 한자어에는 뭔가 중요한 의미가 담겨 있을 거라고 막연히 생각하게 된다.

일본어에서 한자어가 갖는 이런 효과를 나는 '카세트 효과'라고 부른다. 카세트cassette란 작은 보석상자를 의미하며, 내용물이 뭔지 모르는 사람들까지도 매혹하고 끌어당기는 물건이다. '사회'도, 그리고 '개인'도 일찍이 이런 '카세트 효과'를 발휘한 단어였으며, 그 효과는 정도의 차는 있을지언정 오늘날의 일본인들에게도 여전하다고 나는 생각한다.

후쿠자와 유키치는 일본의 현실 속에 살아 있는 일본어의 사용법을 연구하여 새롭고 이질적인 사상을 얘기하려 했다. 그럼으로써 일본인들의 일상 속에 살아 있는 단어의 의미를 바꾸고, 또한 그것을 통해 일본의 현실 자체를 바꾸고자 한 것이다.

그것은 어려운 방법이었다. 왜냐하면 취급하는 단어 하나하나가 현실의 무게를 짊어지고 있기 때문이다. 그런 방법은 단어의 조작만으로 '카세트 효과'에 의지하려 하는 번역 방법과 달리 많은 어려움을 겪을 수밖에 없었다.

5. 벽에 부딪힌 후쿠자와 유키치의 좌절

후쿠자와 유키치의 이런 번역 방식은 번역이 아닌 그의 저술에서도 단어 사용법이나 사고방식 등을 통해 나타난다. 서양 문명을 모델로 해서 일본 전체가 급속히 변화하던 시대에 지식인들은 어쨌거나 서양의 사고법을 대전제로 일본의 현실을 심판한다는 식의 발언을 일삼았다. 그런데 후쿠자와 유키치는 서양 문명의 선진성을 충분히 인정하면서도, 한편으로 언제나 일본의 현실 속에 살아 있는 말에서 출발하고, 그런 다음 단어를 조립하여, 그 너머로 문명에 대한 전망을 펼치고자 했다.

앞에서도 소개한 『문명론의 개략』은 그런 사상의 대표적인 저작이다. 이 책에서 그는 기조의 『유럽문명사』를 기본 텍스트로 하여 일본의 현실을 분석하고 미래를 전망한다. 기조의 책이 문명을 society와 individual이라는 두 요소의 진보로 파악하려 한 점을 받아들여, 후쿠자와 유키치는 한편에 '나라' 혹은 '교제'를, 다른 한편에 '사람', '인민' 등을 대치시켜, 전체적인 구상을 한 듯하다. 이 기본 용어들은 후쿠자와식의 번역어였던 셈이다.

그리고 이 '교제'라는 단어의 의미를 발전시켜 일본의 현실을 파악하면서, 더불어 '사회'를 다룬 장에서 소개했던 '권력의 편중'이라는 현실에 대한 분석을 시도했다.

또한 후쿠자와 유키치는 이 책에서 이런 '권력의 편중'이 일어난 현실에 대해 열변을 토한다. 종래의 역사가 치자治者의 역사였으며 피치자被治者인 '인민'의 역사가 쓰이지 않은 점, 종교와 학문이 피치자의 입장을 잊고 있는 점 등, 일본의 과거와 현실을 신랄하게 비판해간다.

후쿠자와 유키치는 이런 현실의 밑바탕에 '독립하여 자신의 본분을 지키는', '사람'이 누락되어 있음을 발견한다. '교제'의 단위는 바로 '사람'이다. 그런데 '권력의 편중'으로 '사람'이 '치자'와 '피치자'라는 '두 원소'로 나뉘었다는 것이다.

후쿠자와 유키치의 이런 비평은 신랄하며 패기에 넘치지만, 그런 나머지 아무래도 그의 기본적인 방법에서 일탈하여, 결국 일본의 현실에는 있어야 할 것이 결여되어 있다는 식의 비관적인 사고에 빠져들 수밖에 없었다. 따라서 일본에서의 '교제'의 앞날은 어둡게 느껴졌다. 그렇기에 마침내 후쿠자와 유키치는 이런 말을 하게 된다.

> 일본의 인간 교제는 상고시대부터 치자와 피치자의 두 원소로 나뉘어, 권력의 편중을 이뤄왔으며, 오늘날까지도 그런 경향이 바뀐 적이 없다. 인민들 사이에 자신의 권리와 의무를 주장하는 자가 없었음은 새삼 말할 필요

도 없다. ……난세의 무인武人에게 의로운 용기가 있는 것과 비슷하지만, 역시 독일개인獨一個人의 제대로 된 의미를 모른다.

이 인용문 바로 앞부분에도 '독일개인'이라는 표현이 나오므로 그 부분을 인용해보기로 하겠다.

일본의 무인武人에게 독일개인의 기상individuality이 없어서 이런 비열한 소행을 부끄러워하지 않는 것이다.

이런 예를 통해 '독일개인'이 individuality의 번역어로 사용되었음을 확실히 알 수 있다. 여기서 후쿠자와 유키치는 직역 투의 번역을 하고 있으며 자신이 기피했던 한자어를 쓰고 있다. 이것은 그의 문장에서는 보기 드문 일이다.

'독일개인'은 앞에서 언급한 바 있는 메더스트의 『영화자전』에 나오는 말이다. 아마도 거기에서 취한 것이리라. 하지만 이것은 '평이한 일본어'와는 거리가 먼 한자어로, 후쿠자와 유키치가 그토록 기피해온 말이다. 그런데 왜 여기서 그런 한자어를 사용한 걸까?

그건 아마도 그의 사고가 이 지점에서 벽에 부딪혔기 때문일 것이다. 그의 사고의 한편에는 유럽 문명에서의 individual에 대한 존중이 게르만의 individualism에 유래한다고 하는 기조의 생각이 있었다. 후쿠자와 유키치는 그런 기조의 생각을 참고하면서도 '교제'나 '사람' 등과 같은 일본 고유어로 표현하려 노력했으나 결국 무리한 일이었던 것이다. 왜냐하면 individual의 사상과 일본의 현실 사이에는 상당한 괴리가 있었기 때문이다.

이렇게 사고가 벽에 부딪친 지점에서 '독일개인'이라는 번역어가 등장했다. 이 단어로 인해 자신의 사고가 겪고 있는 어려움이 해결되리라는 기대와 함께, 그는 이 낯선 단어에 앞날을 맡겼다. 앞서 서술한 '카세트 효과'에 기대를 건 것이다. '말에는 문제가 없다, 현실이 문제일 뿐이다'라는 식의 논리에 의해 언뜻 보기에는 문제가 해결된 것처럼 보인다. 이것이 바로 후쿠자와 유키치 이후로 오늘에 이르기까지의 일본 지식인들의 사고방식을 지배해 온 번역적 연역논리에 의한 사고다.

그런데 '독일개인'이 등장한 후에 '독'이 떨어져나가 '일개인'이라는 단어가 individual의 번역어로 쓰이더니, 다시 얼마 후에 '일'이 떨어져나가 '개인'이 되어 오늘에 이르렀다. 그런 의미에서 후쿠자와 유키치는 '개인'이라는 문자가 포함된 단어를 individual 또는 그에 가까운 의미로 일찍부터 쓴 선구자라고 할 수 있다. 그것은 그가 '교제'라는 '평이한 일본어'를 사용하다가 얼마 후에 '사회'라는 단어를 쓰기 시작한 것과 마찬가지다. 그리고 이런 한자어들과 함께 '카세트 효과'의 연역논리도 등장했다. 이러한 변화는 이 시점에서 후쿠자와 유키치가 사고의 좌절을 경험한 데서 비롯했다고 나는 생각한다.

그러나 한편으로 그것은 일본어에 의한 독창적인 사고를 일종의 한계점까지 밀어붙인 선각자가 현실과의 격투 끝에 경험한 좌절로 볼 수가 있을 것이다.

6. '일개인'에서 '개인'으로

1879년에서 1881년 사이에 쓰다 센津田仙 등이 펴낸 『영화화역자전英華和訳字典』을 보면, individual 항 가운데 an individual man이 '일개인, 한 사람'으로 나와 있다. 일련의 영어-중국어 사전의 계보로 봐서 '독일개인'에서 '독'이 떨어져 나간 것으로 추정된다.

기슈紀州 지방의 서양학자로 영어에 조예가 깊었던 마쓰시마 고松島剛는 1881년에서 1884년 사이에 스펜서Herbert Spencer의 『사회평등론Social Statics(국내에선 '사회 정학' 또는 '사회 역학'으로 번역-역주)』을 번역했다. 거기에 다음과 같은 문장이 나온다.

> 국토는 일개인의 소유가 되어서는 안 되며, 대회사大會社, 즉 사회가 이를 보유해야 한다.

여기서 '일개인'은 individual의 번역어이고, '사회'는 society의 번역어다. 이후로 individual이나 society라는 단어를 보면 그 뜻에 대해 별로 생각해보지도 않고 거의 기계적으로 '일개인', '사회'라는 번역어를 쓰는 시대가 오게 된다. 시대가 급격히 변화하고 있었다. 따라서 단어 하나하나에 대해 망설이고 멈춰 서 있을 여유가 없어진 것이다.

그리고 얼마 후에 '일개인'의 '일'이 떨어져 나가 '개인'이 된다.

나카에 초민中江兆民이 설립한 사설교육기관인 불학숙

佛學塾에서 1887년에 펴낸 불어-일본어 사전 『불화사림仏和辞林』에 의하면 individu 항은 '일개물一個物, 일개인' 등으로, 그 다음의 individualisme 부분은 '독립파(이理), 독립론'으로 되어 있다. 여기서 '이理'란 '이학理學' 즉 '철학'을 의미한다.

그러나 그로부터 4년 후, 즉 1891년에 나온 『불화사림』의 개정판에서는 individu 항에는 아무런 변동이 없으나, individualisme 항에는 '독립파(이理), 독립론, 개인주의'와 같이 '개인주의'라는 단어가 추가되어 있다. 이것은 이 무렵부터 '개인'이라는 단어가 널리 쓰였음을 말해준다.

제3장 근대(近代)
—지옥의 '근대', 동경의 '근대'

1. 가치가 부여된 말

태평양전쟁 중인 1942년에 잡지 『문학계(文学界)』 9월호와 10월호에 걸쳐 「근대의 초극近代の超克」이라는 제목으로 개최된 유명한 좌담회에 대한 기록이 실렸다. 참석자는 가와카미 데쓰타로河上徹太郎, 하야시 후사오林房雄, 고바야시 히데오小林秀雄, 시모무라 도라타로下村寅太郎 등 당시 저널리즘에서 활약하던 저명인사들이다.

이 좌담회에서 가메이 가쓰이치로亀井勝一郎(1907~1966. 문예평론가-역주)는 '근대'에 대해 다음과 같이 말한다.

> 내가 느끼는 '근대'란 요컨대 최근 십몇 년 동안 내가 경험한 혼란 그 자체라고 말할 수밖에 없습니다. 메이지 시대로 접어든 이후로 우리가 실감한 우리의 근대란 그야말로 지옥이라고 해도 좋지 않을까요?

이 말에 대해 나카무라 미쓰오中村光夫(1911~1988. 문예평론가이자 작가. 사소설 비판으로 유명-역주)는 정반대의 입장에서 이렇게 말한다.

나 같은 문외한의 입장에서 '근대'에 대해 생각해보면, 지금까지 서양의 '근대'란 어쨌거나 일본인의 눈에는 뭔가 매우 훌륭한 것처럼 비쳤지요. ……근대의 정체는 끊임없이 뭔가 새로운 것을 추구하는 그런 정신 상태의 일종이 아닐까요? 그런 의미에서 본다면 요즘 들어서야 일본에 처음으로 진정한 근대가 도래했다고 할 수 있지 않을까요?

'근대'란 '혼란 그 자체'이며 '지옥이라고 해도 좋다'고 하는 의견에 대해, '뭔가 매우 훌륭한 것처럼 비쳤다'라는 정반대의 의견을 제시하고 있다.

하나의 단어에 대해 좋다, 나쁘다 식의 평가가 내려지고 가치가 부여되어 사람들에게 받아들여지는 것은 일본에서의 번역어의 중요한 특징 중 하나라고 생각한다. 앞서 인용한 것은 1942년경의 이야기지만, 기본적인 사정은 오늘날도 별로 변하지 않은 것 같다. 가령 오늘날에도 '근대'란 '혼란'이며 '지옥'이라는 의견과 '뭔가 매우 훌륭하다'고 하는 의견 모두 나름대로 충분히 일리가 있다고 할 수 있지 않은가?

이처럼 좋다거나 나쁘다거나 하는 가치가 부여된 상태

에서 어떤 단어가 받아들여진다는 것은, 말이 인간의 도구로 쓰이는 것이 아니라, 어떤 의미에서는 말이 인간을 지배하고 있음을 뜻한다고 할 수 있다. '근대'가 '혼란'이며 '지옥'이라고 믿는 사람들은 '근대'라는 말만 들어도 깊이 생각도 해보기 전에 우선 증오부터 하게 될 것이다. 한편 '매우 훌륭하다'고 느끼는 사람은 냉정하게 생각하기에 앞서 무작정 동경심을 품을 것이다.

어떤 말을 증오하거나 동경하거나 할 때, 사람들은 그 말의 기능을 충분히 활용하는 것이 아니다. 거꾸로 말이 사람을 지배하고, 사람이 말에 이용당한다. 가치를 부여하며 바라봄으로써 그만큼 사람들은 말에 휘둘리는 것이다.

이런 사정은 '근대'에 국한된 것은 아니다. 이 책에서 다루는 '사회', '자유' 등의 경우에서도 분명하게 알 수 있듯이, 이것은 일본에서의 번역어의 기본적인 특징이다.

번역어 성립의 역사에 대해 고찰할 때, 나는 번역어를 단순히 말의 문제로만 보고 사전적인 의미만을 고려하는 방식을 취하지는 않을 생각이다. 인간과의 관계 속에 두고 문화적인 사건의 요소라는 측면에서 말을 생각해 나가고자 한다. 특히 말이 사람을 움직인다는 관점을 중시하고자 한다.

예를 들어 '근대'는 modern 등의 서구어에 대한 번역어로서 약 1세기 전부터 사용되어왔다. 그러나 modern은 '근대'만이 아니라 '근세'를 비롯한 여러 단어로 번역되었다. 그런데 내가 하필 '근대'라는 번역어에만 주목하는 이유는 뭘까? 그것은 좌담회 「근대의 초극」의 예에서도 알 수 있듯이, 특히 '근대'가 사람들을 혼란에 빠뜨리기 쉬운 말이었기 때문이다.

어떤 말을 증오하거나 동경하는 이유는 그 말의 통상적인 의미나 사전적인 의미와는 무관하다. 그렇기 때문에 이제까지 단어를 전문적으로 연구하는 사람들도 그런 문제를 거의 무시해왔다. 하지만 이것은 단어 차원만이 아니라 학문이나 사상, 나아가서는 문화 차원에서도 매우 중요한 문제다.

이 책에서는 번역어의 성립 과정을 고찰함에 있어서 이상과 같은 관점을 중시하고자 한다. 즉 가치가 부여된 단어의 의미를 중시하겠다는 것이다. 그리고 뒤에서 상세히 기술하듯이, 이것은 단어의 남용, 유행 현상, 단어의 표면적인 의미의 모순, 혹은 비정상적인 다의성과 같은 측면에서 다룰 수가 있다. 역으로 말하면 '근대' 등의 번역어는 이런 식으로 남용되고 유행함으로써 번역어로서 정착되고 성립되어왔다고 할 수 있다.

2. 번역어 분석 방법

이제까지 서술한 것에 덧붙여, 번역어의 성립 과정을 고찰할 때 이 책에서 취하는 기본적인 방법에 대해 말해두겠다.

우선, 단어의 외견상의 형태(어떻게 발음되고 어떻게 표기되는가)와 단어의 뜻(어떤 의미인가)을 분리하지 않고 다룰 생각이다. 예를 들어 어떤 문장에 '근대'라는 단어가 쓰이지 않았는데도 그 문장에 포함된 '근대'적 의식이나 '근대'성에 대해 논하는 방식은 취하지 않을 생각이다. 그와 반대로 '근대'라는 단어가 쓰인 이상은 그것이 진정한 '근대'가 아니라는 식의 이유를 들어 무시하지 않겠다.

그리고 또 이것은 특히 일반적인 상식에 어긋나는 것처럼 여겨질지도 모르겠지만, '근대'라는 단어의 용례를 검토할 때 '근대'와 modern의 의미를 똑같은 것으로 간주하지 않을 생각이다. 적어도 무조건 같은 뜻이라는 전제 하에 논의를 전개하지는 않으려 한다. 왜냐하면 '근대'와 modern은 단어의 형태가 다르기 때문이다. 번역어와 원어의 문제를 다룰 때 이런 식의 태도는 매우 중요하다.

한 가지 더 덧붙이자면, 단어의 의미를 생각할 때 어원 문제는 별로 중시하지 않으려 한다. 어원보다도 하나의 시대, 하나의 언어 체계라는 커다란 관점에서의 의미나 역할을 중심으로 생각하고자 한다.

이상으로 이 책의 구체적인 분석 방법에 대해 간단히 서술했다. 이것은 한마디로 구조주의적인 방법이라고 말할 수도 있을 것이다.

3. '근대'란 시대 구분인가?

'근대'라는 단어의 역사를 다루고자 할 때 어원 문제를 생각하려면 오래된 한문 서적의 용례부터 찾아봐야 할 것이다. 하지만 앞에서도 말했듯이 나는 여기서는 그런 방식을 취하지 않으려 한다.

우선 사전을 살펴보기로 하자.

한자-일본어 사전인 『대한화사전大漢和辭典』에서는 '근대'를 다음과 같이 설명하고 있다.

> 가까운 시대. 요즘. 최근. 근세.

지극히 간단하다. 그 다음에는 한문 서적 등의 용례에 대한 설명이 이어진다.

『광사원広辞苑』의 경우를 보자.

> ①최근. 현대.
> ②(modern age) 역사의 시대구분 중 하나. 넓은 의미로는 근세와 같은 뜻이며, 일반적으로는 봉건제 사회의 뒤를 잇는 자본주의 사회를 일컫는다. 일본사에서는 메이지유신부터 태평양전쟁의 종전까지를 지칭하는 것이 통설이다.

이것을 보면, 『대한화사전』의 의미와 『광사원』의 ①의 의미, 즉 '근대'라는 한자어의 전통적인 의미에서 벗어나, 어느 시기부터 『광사원』의 ②처럼 서구어에 대한 번역어로 쓰이기 시작했음을 알 수가 있다. 즉 '역사의 시대구분

중 하나'로 쓰이기 시작한 것이다.

여기서 번역어 '근대'의 원어인 영어 modern의 의미를 생각해보기로 하자. 『옥스퍼드영어사전』에 의하면 modern은 6세기의 라틴어 modernus에서 온 말로, modernus는 '지금'이라는 뜻이라고 한다. 이어서 영어의 형용사 modern에 대해서는 다음과 같이 기술되어 있다.

(1) 지금 있는
(2) 먼 과거와 구별하여 현재와 현재에 가까운 시기의, 또는 현재에 속하는. 지금 시대의, 또는 지금 시대에 속하는, 또는 태어난.
역사상의 용법으로는 통례적으로 (고대나 중세와 대비하여) 중세에 이어지는 시대와 그 시대의 사건, 인물, 작가 등을 가리킨다.

(1)과 (2) 각각의 기술 다음에는 16세기 이후의 용례가 제시되어 있다.

메이지시대 이후 일본인들은 이러한 modern을 '근대'로 번역한 셈이다. 이렇게 보면 번역어로 쓰이기 이전의 '근대'의 의미는 modern의 의미와 공통점이 상당히 많은 것을 알 수가 있다. 그러나 서로 어긋나는 부분도 발견된다. 즉 이 인용문 중 modern에 대한 (2)의 뒷부분에 기술된 시대 구분이 그런 부분에 속한다. 이것이 메이지시대 이후 번역어 '근대'가 새로 떠맡게 된 의미라고 일단 생각할 수가 있다. 그리고 이것이 『광사원』의 ②에 대응하는 셈이다.

그러나 좀 더 자세히 살펴보기로 하자. 우선 modern은 『옥스퍼드영어사전』에서처럼 르네상스 이후의 시대를 중세와 구별하는 시대 구분의 의미를 갖는다. 『광사원』 ②의 시대 구분은 좀 더 새로운 방식이다. 그리고 『옥스퍼드영어사전』에는 나와 있지 않으나 modern의 또 다른 용법으로서 17, 18세기 부르주아혁명 이후의 시대를 그에 선행하는 시대와 구분하는 용어로 쓰이기도 했다. 그렇다 해도 이것은 서양사의 시대 구분이고, 『광사원』 ②는 일본사의 시대 구분이므로, 이 양자의 대응은 그리 간단치만은 않다.

또한 아마도 더욱 중요한 것은 modern의 경우와는 달리 '근대'가 시대 구분으로서의 의미를 갖게 된 시기가 실제로 '근대'라는 시대가 시작된 시기보다 좀 더 늦다는 점일 것이다. 뒤에서 서술하듯이, 그것은 1950년대 이후의 일이다. 『광사원』의 "일본사에서는 메이지유신부터 태평양전쟁의 종전까지를 지칭하는 것이 통설"이라는 서술에서의 '통설'이 확립된 것은 '태평양전쟁의 종전'으로부터 10년 이상 지난 후의 일이었다.

그러면 그 이전의 번역어 '근대'는 어떤 의미였을까? modern의 번역어로 '근대'가 쓰이기 시작한 것은 대략 1890년경의 일이다. 이후 반세기 이상의 세월 동안 번역어 '근대'는 물론 시대 구분의 개념을 갖고 있기는 했으나 그 의미가 매우 모호했으며 용례도 드물었다.

이것은 무엇을 뜻하는 걸까? modern의 번역어로 사용되는 '근대'는 사전 등을 참고하면 시대 구분의 의미를 가진 것으로 보이지만, 실제로는 단어가 성립된 이후 반세기 이상 동안 일본인들 사이에서 시대 구분으로서의 의미보다도 다른 의미로 쓰여 왔음을 뜻한다. 일견 모순되어 보이는 이런 현상 속에 일본에서의 번역어의 중요한 특징이 나타나 있다고 나는 생각한다.

번역어 '근대'는 modern에 대한 번역어인 이상, 성립 당시부터 '역사의 시대 구분 중 하나'라는 의미를 갖고 있었다. 하지만 내가 보기에는 이것은 번역어 '근대'의 표면적인 의미에 불과했다. 즉 번역어 '근대'에는 시대 구분으로서의 의미 이외에, 그리고 물론 예전부터 전해 내려온 의미하고도 다른, 이른바 또 하나의 이면적인 의미가 있었다.

예를 들어 앞에서 인용했던 좌담회에서 '근대'에 대해서 '지옥'이라는 의견과 '매우 훌륭한 것처럼' 보인다는 의견이 제시된 것은 그런 이유에서다. 단순히 '역사의 시대 구분 중 하나'라면 좋다 나쁘다 식의 판단이 개입될 여지가 없을 것이다. 증오하기도 동경하기도 하는 '근대', 가치를 필연적으로 동반하는 '근대', 이것은 번역어 '근대'의 이면적인 의미가 표면화된 것이다.

4. 표면적인 의미와 이면적인 의미

역사학자 이에나가 사부로家永三郎는 1949년에 출간한 『신일본사新日本史』에서 일본사 전체를 네 시기로 구분하여 기술하고 있다. 즉 고대, 중세, 근세, 최근세다. 그런데 이 책의 제4편에 해당하는 '최근세'를 다룬 부분의 제1장의 제목은 「근대 일본의 탄생」으로 되어 있다. 그리고 제5

장의 제목은 「근대 산업의 약진과 사회상태의 변화」이다. 여기서는 '근대'와 '근세'를 분명하게 구분해서 쓰고 있다. 역사의 시대 구분상의 정식 용어는 '근세'이지 '근대'가 아니다. 그렇다면 여기서 '근대'란 무엇을 뜻할까? 시대 구분의 뜻도 분명히 있지만, 아무래도 그것만이 아니라 뭔가 다른 뜻이 포함되어 있는 듯하다.

예를 하나 더 들어보자. 역시 저명한 역사학자인 우에하라 센로쿠上原專祿가 1955년에 쓴 『역사학서설歷史学序說』의 후기에 나오는 예다.

> 보통 유럽사를 고대, 중세, 근세의 세 시대로 나누고는, 가령 유럽 중세를 연구하고자 한다는 식으로 말하곤 한다. 유럽사만이 아니라 동양사나 일본사의 경우에도 고대, 중세, 근세로 시대를 나눠놓고, 나는 동양의 근대를 연구하려 한다거나, 나는 일본의 고대를 연구하려 한다는 식으로 전문영역을 정한다.

여기서 시대 구분의 정식 용어는 '근세'이지만, 한편으로 '근대'라는 단어도 쓰였다. 이 후기의 다른 문장을 살펴보면, '근세'는 항상 정식의 시대 구분 용어로 쓰이는 데 비해서, '근대'는 '서구 근대', '근대 문화', '근대 과학' 등과 같이 숙어 형태로 쓰이고 있다.

이런 문맥에서의 '근대'란 과연 무슨 뜻일까? 역사학자에게 따져 물어도 아마 확답은 얻을 수 없을 것이다. 시대 구분으로서의 뜻이 있기는 하지만 아무래도 그 뜻이 명확하지 않다. 그리고 산업, 문화, 과학 등의 단어와 결합하여 쓰이는 경우가 많은 것 같다.

이러한 '근대'는 앞 절에서 서술한 표면적인 의미와 이면적인 의미가 공존하는 '근대'의 한 예에 속한다. 표면적인 의미는 물론 시대 구분으로서의 의미다. 이면적인 의미는 아무래도 서구, 문화, 과학, 산업 등과 관계가 깊은 듯하다. 그리고 표면적인 의미는 역사학자의 전문 영역에 속하지만, 이면적인 의미는 역사학자의 활동 범위를 벗어나 있는 것 같다.

이처럼 표면적 의미와 이면적 의미가 병존하는 실체를 파악하기 위해서는 번역어 '근대'의 성립 과정을 살펴봐야만 할 것이다.

5. '근대'라는 번역어의 성립 과정

'근대'라는 단어의 역사를 파헤쳐가다 보면, 앞서 서술했듯이 '근대'와 뒤섞여서 '근세'라는 단어가 모습을 드러내게 된다. 둘 다 메이지시대 이후에 서구어 modern 등에 대한 번역어로 쓰이기 시작한 단어다. 그러나 초기에 주로 쓰인 것은 '근세' 쪽이었다. 예를 들어 에도막부 말기에서 메이지 초기에 영문학도들 사이에서 가장 많이 사용된 『영화대역수진사서』에는 modern의 번역어가 '당시의, 요즘의, 근래의'로 되어 있어 '근대'라는 단어도 '근세'라는 단어도 없다. 그 바로 뒷시대에 가장 많이 보급된 영어-일본어 사전인 『쌍해 영화대자전(双解 英和大字典)』(시마다 유타카島田豊 편, 1904)의 경우를 보자.

> 근시近時의, 근세의, 금시今時의, 만근輓近의, 새로운, 신기新奇한

여기에는 '근대'는 없지만 '근세'가 나와 있다.

당시의 역사서를 보면 시대 구분 용어로는 '근세'가 일반적이었던 듯하다. 예를 들어 1903년에 나온 우치다 긴

조內田銀蔵의 『일본근세사日本近世史』에서는 '근세'는 에도 시대(1603~1867)를 지칭하며, 메이지유신 이후는 '최근세'라고 한다. 앞서 서술한 이에나가 사부로의 경우와 같다.

그러면 '근대'는 언제쯤부터 번역어로 쓰였을까? 자세히 살펴보면 메이지 초기의 용례를 약간은 발견할 수가 있다. 내가 발견한 가장 오래된 용례는 1873년에 아리마사학교有馬私学校에서 나온 영어-일본어 사전 『영화장중자전英和掌中字典』(아오키 스케기요青木輔清 편)으로, 거기에는 modern이 이렇게 번역되어 있다.

최근의, 근대의, 당시의

나카에 초민의 불학숙에서 1887년에 펴낸 프랑스어-일본어 사전 『불화사림』에는 moderne 항이 다음과 같이 기술되어 있다.

Moderne, adj.	근대의, 방금方今의
histoire——.	근세사
les——, sub.	전기 벌채 시의 벌채 금지 나무. 근

대의 사람

le——, sub. 근대의 풍치風致

à la——, loc. adv. 근대의 풍치에 따라서

이 무렵 사전으로는 드물게 '근대'라는 단어가 쓰였다. 하지만 그래도 histoire moderne는 '근세사'로 되어 있는 걸 보면, 역사의 시대 구분 용어로는 '근대'가 아니라 '근세'가 정식용어였음을 확인할 수가 있다.

이와 같은 약간의 예외는 있더라도 발행 부수가 많은 저명한 사전에 modern 등의 번역어로서 '근대'가 등장하는 것은 1911년에 나온 영어-일본어 사전 『모범영화사전模範英和辭典』(간다 나이부神田乃武 편)이 최초인 듯하다. 그 사전에는 이렇게 나와 있다.

근세의, 근대의, 현금現今의, 현금의 사람, 금인今人

이 사전 이후로 modern의 번역어는 '근세'와 '근대'로 굳어진 셈이며, 오늘날까지 그대로 쓰이고 있다.

'근대'라는 번역어는 '근세'라는 시대 구분 용어가 어느 정도 정착한 후에 널리 쓰이기 시작했다. 시대 구분에 대한 정식 용어로서의 '근세'의 수명은 앞서 서술한 이에나가 사부로나 우에하라 센로쿠의 용례에서도 볼 수 있듯이 1950년대까지 지속되었다.

그러다가 1950년대에 들어서서 '근대'가 시대 구분의 정식 용어로 인식되기에 이르렀다. 이와나미강좌岩波講座『일본역사日本歷史』 별권 2에 해당하는 『시대구분론時代区分論』(도야마 시게키遠山茂樹, 1963)에 의하면, 태평양전쟁 전에는 역사관이 홀대를 받으면서 시대 구분도 제대로 관심을 받지 못했으나, 종전 후에 유물사관을 전제로 한 '원시, 고대, 중세(봉건), 근대, 현대의 5구분법'이 '학계의 상식이 되었다'고 한다. 문부성의 「지도요령」에서도 1951년판과 1958년판에서 공통적인 시대 구분법을 취하며 '근대 사회'라는 단어를 쓰고 있다고 한다.

이렇게 해서 '근대'는 1950년대 이후 점차 '근세'를 대신해 시대 구분의 정식 용어로서의 지위를 차지하였으며, modern age에 대응하는 시대를 지칭하는 번역어의 지위를 독점하게 되었다. 더불어서 '근세'는 시대 구분에 대한 정식 용어로서의 지위를 상실했거나, 또는 중세의 일부나

중세와 '근대' 사이를 지칭하는 용어로서만 명맥을 유지하게 되었다.

그런데 내가 여기서 문제 삼는 것은 1950년대 이후 오늘날까지 시대 구분의 용어로 쓰이는 '근대'가 아니다. 이미 말했듯이 그런 것은 '근대'의 표면적인 의미에 불과하다. 어떤 말이든 소수의 전문가가 정의한 그런 표면적인 의미만을 갖고 있지는 않다.

여기서 문제의 핵심은 '근대'의 이른바 이면적 의미에 있는 셈이다. 이면적 의미란 전문가의 정의나 사전적 의미에는 드러나지 않는 것으로, 이런 표면적인 의미가 확립되기 이전의 의미라고 할 수 있다. 번역어 '근대'가 본질적으로 떠맡고 있는 의미에 해당한다. 그것은 단어의 의미라기보다도 단어의 '효과'라고 하는 편이 합당할 것이다. '근대'가 등장한 1890년경부터 표면적인 의미를 정식으로 획득한 1950년대 무렵까지 이 단어를 지탱하던 의미이자 '효과'이며, 또한 그것은 1950년대 이후부터 오늘날까지 쓰이고 있는 번역어 '근대'에도 여전히 살아 있다고 나는 생각한다.

6. 유행하는 번역어

1910년의 잡지 『문장세계文章世界』 7월호에 「근대인이란 무엇인가近代人とは何ぞや」라는 특집기사가 실렸다. 그 서두에 '기자記者'라는 서명과 함께 다음과 같은 기술이 나온다.

> 근대인이라는 말을 요즘 자주 듣는다. 근대인이란 이른바 근대문예의 핵심과도 같은 것이므로, 이것을 제대로 이해하지 못하면 현대의 문예도 제대로 이해할 수 없을 것이다. 지금 여러 전문가에게 물어 얻은 고견이 독자 여러분에게 어떤 의미에서든 도움이 된다면 다행이겠다.

우선 이 문장에서 '근대'와 '현대'를 어떻게 구분해서 쓰고 있는지에 주목하기로 하자. '근대'는 '근대인', '근대문예'라는 숙어로 쓰였다. 한편으로 '현대의 문예'라는 표현이 나온다. '현대의 문예'란 명백하게 시대 구분으로서의 '현대'에 창작된 '문예'라는 뜻인데, '근대문예'는 시대 구분으로서의 '근대'에 창작된 '문예'라는 뜻이 아니다. 그뿐만이 아니다. 시대 구분으로서의 의미 이외의 어떤 특별한 의미가 담긴 '근대'의 문예를 뜻한다.

앞의 인용문에서 '기자'도 말했듯이, 이처럼 어떤 특별한 의미가 담긴 '근대'가 이 무렵에 널리 쓰였다.

'기자'의 서문에 이어서 가네코 지쿠스이金子筑水, 가미쓰카사 쇼켄上司小劍, 아베 요시시게安倍能成, 시마무라 호게쓰島村抱月 등 당시의 저명한 학자와 문인들이 '근대'인에 대해 발언한 내용이 게재되어 있다.

가네코 지쿠스이는 「현실적이고 동요하며 불안한 심정現実的と動揺不安の心持」이라는 제목의 글에서 '근대'인의 특징을 '현실적', '자연과학적 또는 물질적이다', '개인주의적', '욕망의 범위가 확대되고 정도가 심해졌다', '신경과민', '페시미즘' 등으로 나열한 다음 글을 마무리하며 이렇게 말한다.

> 이상의 다양한 태도도 옛날에 없었던 경향은 아니다. 유럽에서는 그리스에서 예로부터 끊임없이 반복되어 나타나던 경향이다. 다만 현대문명이라는 특별한 지반에 뿌리를 내렸다는 데에 근대적이라는 것의 특별한 어조가 있다고 할 것이다.

요컨대 '근대'인이란 무엇인가 하는 의문에 대해 그 의미 내용을 생각하며 다양하게 서술해봤으나 그 어느 것도 핵심을 포착하지 못했음을 깨닫고는 거의 자포자기 상태에서 내던지듯이 '근대적이라는 것의 특별한 어조'가 있다고 하고는 서둘러 끝맺고 있다.

하지만 내가 보기에는 이것이 오히려 '근대'의 본뜻에 근접한 견해다. 모든 유행어가 그렇듯이 '근대' 역시 그 유행을 직접 경험한 사람이 아니면 쉽사리 이해할 수 없는 어떤 특별한 어조를 갖고 있다. 그것은 일반적으로 말하는 '의미'하고는 다르다. 앞의 인용문의 표현 그대로 '특별한 어조'다. 특별한 어감, 특별한 어떤 언어활동에서 나타나는 '효과'다.

의미라는 것에 초점을 맞춰 말한다면, 여기에 의미는 없다고 하는 편이 나을 것이다. 그리고 의미가 없기 때문에 오히려 사람들을 끌어당겨 남용되고 유행하는 것이다. 이 점은 이해하기 쉽지 않으므로, 나중에 다시 상세히 서술하도록 하겠다.

여하튼 이렇게 의미 파악이 어려운 '근대'가 한창 유행한 것은 사실이며, 그런 사실은 같은 잡지에 가미쓰카사

쇼켄이 쓴 「고치를 찢고 나온 누에나방繭を破つて出て来た蚕の蛾」이라는 제목의 글에서도 확인할 수 있다.

> 그런데 여기에 이 근대사상에 의해 탄생한 근대인이라는 것을 억지로 흉내 내서 슬퍼하거나 울거나 하는 경향도 없다고는 할 수 없다. 즉 근대인인 척하는 것이 일종의 유행인 것이다. 이런 식의 사이비 근대인이 또한 무척 많다.

아마도 많은 사람들이 당시에 이 '근대'라는 단어를 쓰고 싶어했던 것 같다. 이 단어를 들으면 그 뜻을 생각해보기도 전에 먼저 말로 표현할 수 없는 깊은 뜻을 막연히 느끼거나 혹은 멋져 보이는 어떤 매력을 느꼈을 것이다. 그런 사람들은 이 필자 주변에서 흔히 볼 수 있는 지적이고 문화적인 분위기에 친근한 사람들, 그중에서도 특히 젊은 사람들이었으리라. 그 시대의 분위기가 이 '사이비 근대인'론을 통해 충분히 전달되는 느낌이 든다.

7. 남용에서 의미의 정착으로

'근대'라는 말의 역사를 돌이켜보면, 몇 번인가 비정상적일 정도로 이 말이 유행한 시기가 있었음을 발견하게 된다. 그 최초의 유행은 앞서 서술한 1910년 전후, 즉 메이지시대가 끝나갈 무렵에, 특히 문예 분야의 사람들 사이에서였다. 문학사를 보면 이 무렵에, 혹은 그 뒤에 이어지는 어느 시기에 '근대'라는 제목으로 논문을 비롯한 글이 많이 나온 것을 알게 된다.

이 최초의 유행을 계기로 '근대'라는 단어는 일반 사람들에게도 널리 보급되었으며, 마침내 사전에도 modern에 대한 번역어 중 하나로 이미 자리를 잡고 있던 '근세'와 나란히 기술되기에 이르렀다.

다음 유행은 이 장의 서두에서 인용한 「근대의 초극」 좌담회가 열렸던 시기에 일어났다. 태평양전쟁 중인 1942년의 일이다. 최초의 유행에서는 '근대'가 긍정적인 가치를 지니며 전적으로 동경의 대상이었던 데 비해서, 이 시기의 '근대'는 '초극'되어야 하는 대상, 즉 부정적인 가치를 지녔다. 앞서 게재한 나카무라 미쓰오의 발언에는 시류에 저항하며 고의로 정반대의 가치를 강조하려는 의도도 있었을 것이다.

그 다음 유행은 태평양전쟁이 끝난 직후 시작된다. 이 시대의 '근대'는 앞 시대에 대한 반동으로서 긍정적인 가치를 지닌 하나의 상징이었다. '근대문학', '근대 시민사회의 통과'론 등이 나온 시기다. 이윽고 그에 대한 반동으로서 '근대주의' 비판이 등장한다.

종전 직후에 '근대'라는 단어의 의미가 공허했다는 것은 역으로 말하면 놀라울 정도로 다의적이었음을 뜻한다는 것은 히다카 로쿠로日高六郎(1917~2018, 사회학자-역주)가 '근대문학'에 대해 서술한 아래의 인용문을 통해서도 알 수가 있다.

> 그 사상 경향의 다양함에 놀라지 않을 수 없다. 거기에는 당원 마르크스주의자를 비롯하여 비당원 마르크스주의자, 실존주의자, 기독교도, 프로이트파, 실용주의자, 예술지상주의자, 고전주의자, 전위파, 사실주의자, 낭만주의자, 상징주의자 등이 존재해 다양한 꽃이 일제히 만발한 것처럼 화려했다. (『현대일본사상대계現代日本思想大系』 제34권 『근대주의近代主義』, 치쿠마쇼보筑摩書房, 1964)

또한 '근대주의'에 대해서는 이렇게 서술하고 있다.

> 극단적으로 말하면 정통파 마르크스 레닌주의자 이외의 모든 사상 경향을 일괄해서 근대주의로 불렀다고 해도 좋을 정도였다.

말의 의미가 이 정도로 다의적인 것은 곧 본래 그 말에 의미라고 할 만한 것이 거의 없음을 뜻한다. 의미가 불충분하기 때문에 유행하고 남용되며, 그리고 유행하고 남용되기 때문에 다의적이 되는 것이다.

이러한 '근대' 유행의 시대를 거쳐서, 이윽고 역사학자들이 어쩔 수 없이 이 말을 쓰면서 시대 구분 용어로서의 표면적인 의미를 부여하게 된다. 이런 표면적인 의미 부여는 단어의 이면적인 의미가 먼저 존재했기에 가능했다. 말하자면 '근대'라는 단어는 처음에는 의미가 불충분한 상태로 존재했다가 점차 적절한 의미를 획득해간 셈인데, 이것은 일본에서 번역어의 의미가 형성되는 전형적인 과정을 보여주는 예라고 할 수 있다.

제4장 미(美)
—미시마 유키오의 트릭

1. 번역어 '미'의 탄생 과정

"아름다운 '화花'는 있다, '화'의 아름다움과 같은 것은 없다."(「다에마当麻」, 1942)[1] 이것은 고바야시 히데오의 유명한 명제다. 여기서 '화花'를 '꽃'으로 바꿔 해석해보면, 일찍이 일본에는 이 말처럼 꽃의 아름다움을 추상관념에 의해 표현하는 방법이 거의 없었으며, 더불어서 그런 사고 자체도 거의 없었던 것이 사실이다. 꽃의 아름다움과 같은 말이나 사고를 일본인들에게 가르쳐준 것은 역시 서구에서 들어온 단어였으며, 그에 대한 번역어였다.

『하루마화해』(1796)에는 네덜란드어 형용사 schoon이 '미려美麗한, 좋은'으로, 명사형 schoonheid는 '미려'로 나와 있다. 그리고 『화란자휘』(1855~1858)에는 schoon은 '훌륭한 또는 아름다운, 깨끗한', schoonheid는 '아름다움, 예쁜 것'으로 나와 있다.

프랑스학의 선구자였던 무라카미 히데토시村上英俊가

---

1) 「다에마」는 『문학계(文学界)』에 발표된 후 고전예술론을 모은 단행본 『무상이라는 것(無常といふ事)』(1946)에 수록됨. 이것은 일본의 전통 예능 노(能) 「다에마」에 대한 감상을 기록한 글이다. 따라서 여기서 '화(花)'는 단순한 '꽃'이라기보다 제아미(世阿弥)의 『화전서(花伝書)』에 나오는 노의 중요한 개념으로 봐야 한다. 즉 '아름다운 화'는 절대적인 미의 경지의 노 연기를, 그리고 '화의 아름다움'은 설명을 요하는 노 연기를 뜻한다. 제아미가 추구하는 것은 '아름다운 화'의 경지다. 제아미의 '화' 개념에 대해서는 주 2) 참조.

1857년에 펴낸 『삼어편람三語便覽』에는 beauté, beauty, schoonheid가 '미美'로 번역되어 있다. 이것은 아마도 '미'라는 한자어 한 글자로 된 번역어를 쓴 최초의 예일 것이다. 무라카미 히데토시는 1864년에 펴낸 『불어명요』에서도 beauté를 '미인, 미'로 번역하고 있다.

롭셰이드의 『영화자전』(1866~1869)에는 beautiful은 '미, 미려, 수려秀麗' 등으로, beauty는 '색色, 미, 미려' 등으로 나와 있다.

이처럼 '미'라는 번역어는 에도막부 말기부터 쓰인 셈이지만, 아마도 한자 한 글자로는 번역어로서 어딘지 불안정하게 여겨졌던 것 같다. 따라서 메이지 초기에는 『하루마화해』나 『영화자전』에 있던 '미려'라는 번역어가 자주 쓰였다.

예를 들어 니시 아마네가 esthetics(미학)를 소개한 『미묘학설美妙学説』(1877년경)에서 '미묘학의 원소元素'는 '물物의 미려'와 '사람의 상상력'으로 되어 있다고 했다. 서구어-일본어 사전에서도 메이지 전반, 즉 1870년대 정도까지는 '미'보다도 '미려'가 더 많이 쓰였으나, 얼마 후에는 역전되어 '미'의 용례가 더 많아졌다.

2. '미'와 유사한 일본어

'일본의 전통적 미의식' 혹은 '제아미世阿弥(1363년경~1443년경. 일본의 전통 가무악극인 노能를 완성한 예능인-역주)의 미학'과 같은 표현이 종종 쓰이곤 하는데, 이런 표현을 들으면 자연히 번역적 사고법이라는 문제가 떠오른다. 왜일까? 그 이유는 지극히 간단명료하다. 근대 이전의 일본에서는 '미'라는 말이 오늘날과 같은 뜻으로 쓰이지 않았기 때문이다. beauty나 beauté, Schönheit 등은 서구의 시인이나 화가가 작품을 직접 제작하는 과정에서 잠시 멈춰 생각에 잠길 때 입에 담는 말이다. 제아미나 바쇼芭蕉(1644~1694. 에도시대에 활동한 일본 최고의 하이쿠俳句 시인-역주)는 당연히 이런 서구어를 알았을 리가 없으며 그 뜻도 몰랐다. 또한 그런 단어들에 대한 번역어인 '미'에 대해서도 몰랐던 셈이다.

물론 '미'와 어느 정도 유사한 단어와 사고가 일본의 전통에 전혀 없었던 것은 아니다.

예를 들어 제아미는 '화花' 혹은 '유현幽玄'과 같은 단어를 사용하며 추상관념에 가까운 어떤 중요한 의미를 담았

다.[2] 리큐利休(1522~1591. 일본 다도茶道의 대가-역주)의 '와비わび(소박함과 적막함을 중시하는 일본 미의식의 하나-역주)', 바쇼의 '풍아風雅(세속적이지 않은 풍류와 문아文雅-역주)'나 '사비さび(여유롭고 고요하고 고풍스러운 정취로 '와비'와 비슷한 일본의 미의식-역주)', 모토오리 노리나가本居宣長(1730~1801. 에도시대의 대표적인 국학자-역주)의 '모노노아와레もののあわれ(보고 듣고 만지는 사물에 대해 마음에서 우러나오는 일본 고유의 정서-역주)' 등도 일단 비슷한 예로 생각할 수가 있다. 이런 말들은 서구 미학에서 말하는 '미'와 통하는 점이 상당히 많다.

이 개념들을 의미의 추상성이라는 관점에서 살펴보기로 하자. 우선 제아미는 '유현'에 대해 다음과 같이 서술하고 있다.

> 예를 들어 사람의 경우에는 뇨고女御(지위가 높은 후궁으로 뇨고 중에서 황후가 나왔음-역주), 고이更衣(황실 내전에서 뇨고 바로 아래 계급의 궁녀-역주), 또는 유녀, 호색, 미남, 그리고 초목의 경우에는 꽃 종류, 이런 것들은 모두 유현한 것들이

2) '화(花)'는 제아미의 예술관에서 절대적인 아름다움의 경지를 뜻하는 중요한 개념으로, 그의 저서 『풍자화전(風姿花伝)』에 의하면 관객에게 감동을 주는 힘을 의미한다. '유현(幽玄)'은 관객이 한눈에는 거의 알아볼 수 없고 단지 부분적으로만 깨닫게 되는 지고한 아름다움의 경지를 뜻한다.

다. (『풍자화전』 1400~1402)

그리고 리큐는 '와비'를 다도와 와카和歌(31음으로 된 일본의 전통적인 정형시-역주)에 공통적으로 존재하는 마음으로 설명했다(『남방록南方録』, 성립연대 불명). 또한 바쇼는 '풍아'에 대해 다음과 같은 말을 했다.

사이교西行(1118~1190. 와카로 유명한 승려-역주)의 와카, 소기宗祇(1421~1502. 렌가의 대가-역주)의 렌가連歌(상구上句와 하구下句로 나눠 두 사람이 서로 번갈아가며 읊는 와카 형식-역주), 셋슈雪舟(1420~1506. 수묵화가이자 선승-역주)의 그림, 리큐의 다도, 그 모든 것을 관통하는 것은 오로지 하나다. (『궤짝 속의 편지笈の小文』, 1709)

그러나 이런 말들을 니시 아마네의 『미묘학설』에 소개된 다음과 같은 문장과 비교해보면 어떨까?

서양에서 지금 미술로 간주하는 것은 화학畫學, 조상술彫像術, 조각술彫刻術, 공예술이지만, 여기에 시가詩歌, 산문, 음악, 그리고 중국에서는 서예도 포함시켜, 이 모든 것이 미묘학의 범주에 속하는 것으로 여기며, 또한 더 나아가서 무악舞樂과 연극 등도 포함시킨다.

여기서는 여러 분야를 망라해 훨씬 더 철저하고 폭넓게 '미려'의 개념에 대해 생각하고 있다.

이어서 단어의 관념성에 대해 살펴보기로 하자. 예를 들어 제아미는 그의 중요한 미적 개념인 '화'에 대해 다음과 같이 말한다.

따라서 이 길을 깊이 천착해보니, '화'가 별도로 존재하는 것이 아니다. 깊은 뜻을 파헤쳐 만물에 깃든 신기한 이치를 알게 되면 저절로 '화'의 경지에 이르는 것이다. (『풍자화전』)

즉 '길을 깊이 천착'한다는 구체적인 행위를 떠나서는 '화'의 경지에 이를 수 없다는 것이다.

또한 바쇼는 '풍아'에 대해서 고보 대사弘法大師(진언종眞言宗의 창시자로 구카이空海로도 불림-역주)의 "옛사람의 뒤를 따르지 말고, 옛사람이 추구했던 바를 따르라"라는 말을 예로

들며 “풍아도 이와 마찬가지다”라고 하더니, ‘풍아’는 ‘옛사람’이라는 구체적 존재의 밖에 있는 것이 아니라는 주장을 펼친다. (『사립문의 글柴門ノ辞』, 1693)

모토오리 노리나가도 ‘모노노아와레’에 대해 비슷한 논리를 펼친다.

> 우선 모든 ‘아와레’라는 것은 본래 보는 것, 듣는 것, 만지는 것에 대해 마음으로 느껴 나오는 탄식의 소리다.
>
> (『겐지 이야기 아름다운 작은 빗源氏物語玉の小櫛』, 1796)

즉 ‘아와레’는 감동의 체험에서 비롯한다는 관점에서 이야기한다.

이상의 예들은 전부 번역어 ‘미’보다 훨씬 구체적이어서 관념을 얘기하고 있다고 보기 어려울 정도다.

물론 아무리 구체적인 체험을 중시했어도 ‘와비’라든가 ‘풍아’라든가 ‘아와레’와 같은 명사의 형태로 어떤 궁극의 경지를 표현해냈다는 것은 역시 중요하다. 그런 점에서 ‘미’와 공통점이 있다고 해야 할 것이다. 이런 단어들에 의해 이른바 예술의 이상에도 대응 가능한 가치관이 거론되고, 그 분야 사람들의 정신이 유지되었던 것이다.

그러나 앞에서 내가 이미 지적한 것과 같은 차이점 역시 중요하다. 그리고 그런 차이점은 일본적 '미'의식의 특수성 혹은 서구의 '미'와 일본의 '미'의 차이와 같은 식으로, '미'를 전제로 해서 논의되어서는 안 될 것이다. 적어도 기본적으로 '미'가 하나의 보편적인 관념이라는 전제하에 일본적 '미'는 '미'의 특수한 경우에 속한다는 식의 사고방식에는 문제가 있다고 나는 생각한다.

3. '문학과 자연' 논쟁에서의 '미'

번역어 '미'는 자기 것으로 만들어 무기로 쓸 수 있는 사람들에게는 매우 가치 있는 단어였던 것 같다.

1889년에 가부키歌舞伎(일본의 대표적인 고전 연극-역주) 배우 이치카와 단주로市川団十郎(1838~1903)가 「주신구라忠臣蔵」에서 창녀 오카루 역할을 맡으라는 제안을 받았을 때, 천한 창녀 역을 맡는 것은 자신의 몸을 더럽히는 것이 된다며 거절한 일이 있었다. 그러자 당시 사람들은 역시 단주로다, 훌륭한 식견이다, 세상의 부도덕한 남자들은 단주로를 본받아야 한다는 등의 긍정적인 평가를 했다. 그런데 잡지 『국민의 벗国民之友』에 '문외한'으로 자칭하는 사람의 투서가 실렸다.

> 천한 하녀에게는 '미'가 존재하지 않는다는 건가? 오카루 역을 연기하면 기예技藝의 '미'가 소실된다는 건가? (중략) 단주로의 어리석음을 배우지 말지어다. 유식자의 비웃음을 사지 말지어다. 연극의 '미'를 소실시키지 말지어다.

연극은 '미'를 지향한다. 따라서 단주로의 태도는 옳지 않다는 논리다. 이 글은 '미'라는 단어와 '미'의 개념을 통해 사물을 바라보는 새로운 관점을 제시했다고 할 수 있다.

이 사건은 이후에 『여학잡지女学雑誌』의 편집장 이와모토 요시하루巖本善治(1863~1942. 여성교육가, 평론가-역주)와 모리 오가이森鷗外(1862~1922. 소설가이자 의사이며, 평론가와 번역가로도 활동-역주) 사이에 『국민의 벗』을 무대로 해서 벌어진 '문학과 자연' 논쟁(1889)에 계승된다. 이 논쟁의 중심 테마는 '자연'이지만, 그에 못지않게 '미'도 중요한 테마였다. 이와모토 요시하루는 "극미極美의 미술은 절대로 부도덕과 공존할 수 없다"고 하며 결국 단주로의 입장, 그리고 전통적인 문학관과 연극관을 옹호한다. 여기서 '미술'이란 오늘날의 '예술'과 같다. 이에 대해서 모리 오가이는 "극미의 미술이란 때로는 부도덕과 공존 가능하다"며 정면으로 반박했다. 논쟁은 그 후에도 몇 차례 거듭되어 확실한 결착이 난 것은 아니지만, 제삼자가 보기에는 아무래도 이와모토 요시하루 쪽이 불리해 보였다. 왜냐하면 '미'는 서구의 관념론 미학에 뿌리를 둔 번역어인데, 이와모토 요시하루가 이 단어를 그런 미학 이론에 맞지 않는 개념으로 사용했기 때문이다.

당시에 모리 오가이는 하르트만의 미학을 연구하고 소개하면서, 한편으로는 일본 출판계에서 꾸준히 '미'에 대한 발언을 계속하고 있었다.

4. '몰이상(沒理想)' 논쟁에서의 '미'

이 무렵에 모리 오가이는 쓰보우치 쇼요坪内逍遥(1859~1935. 소설가이자 평론가, 번역가-역주)와 유명한 '몰이상' 논쟁을 주고받는데, 이 논쟁에서도 '미'가 중요한 역할을 했다.

'몰이상' 논쟁은 1890년에 쓰보우치 쇼요의 발언으로 시작되어 이듬해 모리 오가이가 반론을 펴고, 다시 쓰보우치 쇼요가 반론하는 식으로 서로 응수를 반복했다. 논쟁의 핵심 내용은 뛰어난 문예작품에는 '이상'이 없다는 쓰보우치 쇼요의 주장에 대해, 문예란 '이상'을 표현하는 것이라는 모리 오가이의 반론으로 요약할 수 있을 것이다. 당시에 일본 문예계에서 지도적 위치에 있었으며 명성이 높았던 이 두 사람의 논쟁은 세인의 주목을 끌었으며 문학사에서도 유명하다.

오랫동안 이어진 두 사람의 논쟁을 통해 이렇다 할 명확한 결론이 난 것 같지는 않다. 하지만 '미'라는 단어에 초점을 맞춰 재조명을 해보면, 의외로 간단히 결론이 났음을 알 수가 있다.

쓰보우치 쇼요는 「맥베스 평석의 서언マクベス評釈の緒言」(1891)에서 셰익스피어의 작품을 극찬하며 이렇게 말한다.

사라쌍수紗羅雙樹(사라수 그늘에서 부처가 열반에 들었는데, 그 때 사방에 한 뿌리에서 두 그루씩의 사라수가 나와 사라쌍수로 불림-역주)의 꽃 색깔은 염세적인 자의 눈에는 제행무상諸行無常의 형태로 보이겠지만 근심을 모르는 처녀는 어떻게 바라보겠는가? 요컨대 조화造化의 본의本意는 사람이 알 수 없다. 단지 근심이 있기에 가을의 애잔함을 느끼고, 앞서 그 마음이 즐겁기에 봄의 꽃과 새를 즐겁게 바라볼 따름이다. 조화의 본체本體는 무심하다. 셰익스피어의 걸작은 이 조화와 흡사하다. ……그의 걸작은 거의 모든 이상을 충분히 담고 있는 것과도 같다.

위대한 문예작품은 '조화', 즉 자연과 비슷해서 "모든 이상을 충분히" 담고 있으므로 하나의 '이상'으로 재단하려 해서는 안 된다는 것이다. 이것은 앞에서 언급한 바 있는 고바야시 히데오의 "'화'의 아름다움과 같은 것은 없다"라는 사고와도 통한다고 할 수 있다.

이런 주장에 대해 모리 오가이는 「와세다 문학의 몰이상早稲田文学の没理想」이라는 제목의 글에서 이런 반론을 폈다.

사라쌍수의 꽃 색깔을 보고 제행무상으로 느끼는 자도 있고 그저 멋지다며 바라보는 자도 있으나, 그 색깔의 미에 대해 느끼는 것은 하나다. 그 소리, 그 색깔의 진정한 미는 귀가 있어 잘 듣기에 느끼는 것이 아니며, 눈이 있어 잘 보기에 느끼는 것도 아니다. 선천적인 이상理想이 그때 어둠 속에서 튀어나와 이 소리는 미이며, 이 색은 미라고 외치는 것이다.

처음에 존재하는 것은 "아름다운 '화'"가 아니라 "'화'의 아름다움"이다. 즉 '미'가 먼저 존재한다. 문학은 곧 미술이다. 미술은 '미'를 표현하는데, '미'란 '선천적인 이상'이다. 문학은 '이상'을 표현하는 것이다. 따라서 '몰이상'이라는 주장은 옳지 않다는 것이다.

모리 오가이의 이런 비판은 쓰보우치 쇼요에게 아마도 치명적이었을 것이다. 쓰보우치 쇼요는 이 논쟁의 직전, 즉 1885년에 유명한 『소설신수小說神髓』를 써서 새로운 시대의 소설을 이끌어가고 있었다. 그는 그 책의 서두를 "소설이 미술인 이유를 밝히려거든 우선 미술이 무엇인지를 알아야만 한다"로 시작한다. '미술'이란 art의 번역어로, 이런 서술의 배경에는 독일 관념론의 계보를 이어받은 미학이 있다. 쓰보우치 쇼요는 fine art인 '미술'은 물론이고 시가詩歌, 희곡, 소설 등도 '미'를 추구하고 표현하는 것이라고 생각하는 것이다. 앞서 서술한 바 있는 니시 아마네의 『미묘학설』, 나카에 초민이 소개한 『유씨미학維氏美学』(1883~1884), 모리 오가이의 하르트만 미학 등도 전부 마찬가지다.

쓰보우치 쇼요는 '미'에 대해 특별히 깊이 생각하지는 않은 것 같으나 사실 그가 주장한 문학론은 이런 미학과 불가분의 관계에 있었으며, 그것을 토대로 하고 있었던 셈이다. 따라서 '미'란 '선천적인 이상'이라고 하는 모리 오가이의 반론은 그에게 크나큰 타격을 입혔을 것이다.

모리 오가이의 반론이 있고 나서 한 달이 지난 1892년 1월에 쓰보우치 쇼요는 「오유선생께 사죄한다烏有先生に謝す」라는 짧은 글에서 자신의 주장이 잘못되었음을 인정하고, "몰이상이란 곧 큰 이상이 있다는 뜻"이라고 변명했다. 여기서 두 사람의 논쟁의 대세는 이미 판가름이 난 셈이다. '선천적인 이상'으로 예술작품을 재단하지 말라는 쓰보우치 쇼요의 주장은 다시 생각해보면 충분히 일리가 있다. 그러나 그는 모리 오가이에 비해 '미'에 대해 너무나

도 무지했기에, '미'라는 단어에 주눅 들어 후퇴할 수밖에 없었다. 그는 '미'라는 단어를 잘 이해하지 못했어도 어떻게든 써야만 한다는 강박관념에 사로잡혔던 것 같다.

5. 모리 오가이의 언어관에 나타나는 문제점

이 논쟁에서 두 사람이 쓰고 있는 '이상'이라는 단어에 대해 한마디 덧붙이고자 한다.

'이상'이라는 단어는 오늘날 일반적으로 쓰이는 ideal에 대한 번역어와는 다르다. 이것은 영어 idea, 독일어 Idee(이데)를 뜻하는 것으로, 이 점에 대해서는 두 사람도 잘 알고 있었다. 영어에서도 독일어에서도 이 단어에는 크게 나눠 '생각'과 같은 일상적인 의미와, 오늘날 일반적으로 '관념'으로 번역되는 철학 용어로서의 뜻이 있다. 쓰보우치 쇼요가 말하는 '이상'은 논쟁 후반으로 가면 일관성을 잃기도 하지만 처음에는 두 가지 뜻 중 전자였다. 그에 비해서 모리 오가이의 '이상'은 일관되게 후자의 뜻이었다. 따라서 이런 식으로 따져보면 쓰보우치 쇼요가 주장하는 '몰이상'은 모리 오가이의 입장과 반드시 모순된 것만은 아니었던 셈이다. 그런데 모리 오가이는 논쟁이 끝나갈 무렵「와세다문학 이후의 몰이상」(1892)에서 이렇게 말한다.

> 우선 몰이상의 이상을 일반적인 뜻으로 받아들이고, 몰도 일반적인 무無의 뜻으로 받아들일 때는 조화에 영겁불멸의 것은 없다는 식으로 해석되어야 할 것이다. ……고금의 철학자와 심미학자가 써온 이상이라는 단어는 역시 그들이 써온 뜻대로 쓰여야 할 것이며, ……

즉 자신이 이해하여 쓰고 있는 뜻이 '일반적인 뜻'이며, 그것은 '철학자와 심미학자'가 쓰고 있는 뜻이기도 하다는 것이다. 바꾸어 표현하면, '철학자와 심미학자'가 쓰고 있기 때문에 바로 그것이 '일반적인 뜻'이라는 논리다. 이것은 여러 논쟁에서 나타나는 모리 오가이의 기본적인 사고법이다.

하지만 단어의 의미는 '철학자와 심미학자'가 정하는 것이 아니다. 단어가 먼저 있고, '철학자와 심미학자'는 그 단어의 일상적 의미를 토대로 하여 그것을 상황에 맞춰 추상화하고 한정하여 쓰는 것이다. 그러나 일본에서는 이 한정된 의미를 번역어로 받아들인 다음 결국 그것이 완성된 의미로 정착하는 경우가 많았다. 따라서 그 순서를 반대로 생각하는 경향이 있었다.

모리 오가이의 이런 언어관을 쓰보우치 쇼요 역시 반박할 수 없었다. 여기에는 일본 번역어의 특징이 잘 나타나 있다.

6. 미시마 유키오의 '미'에 숨겨진 트릭

'미'는 이해하기 어려운 말이었다. 그럼에도 불구하고, 이제까지 고찰해온 것처럼 이와모토 요시하루는 이 말을 애용했다. 한편으로 그렇기 때문에 쓰보우치 쇼요는 이 말 앞에서 고개를 숙이지 않을 수 없었다.

'미'는 오늘날에도 여전히 이해하기 어려운 말이다. '미'의 이런 성격을 교묘하게 이용한 문장가인 미시마 유키오 三島由紀夫(1925~1970. 소설가-역주)의 용례를 살펴보기로 하자.

미시마 유키오가 '미'를 말하는 방식에는 두 가지가 있다. '미'에 대해 말할 때와 '미'로 하여금 말하게 할 때다.

평론풍의 짧은 문장에서는 '미'에 대해 말하고, 소설 작품에서는 '미'로 하여금 말하게 하는 방식을 취한다. 이 중에서 전자부터 살펴보기로 하자.

미시마 유키오가 '미'에 대해 말할 때는 거의 항상 경멸조에다가 부정적인 어조를 띤다. 몇 가지 예를 들어보자.

> 보통 유미주의나 탐미주의로 불리는 것은 19세기 후반, 특히 세기말의 문예사조를 지칭하는 것으로, 이미 시대에 뒤떨어진 명칭이다. 그뿐만 아니라 일반적으로 그 대표적인 인물로 거론되는 보들레르나 와일드에게도 미는 상대적인 구제救濟에 불과하고, 최후에 오는 것은 신에 의한 절대적인 구제다. (「유미주의와 일본唯美主義と日本」, 1951)

> 이번 여행에서는 나는 더이상 '미'에 대해 기대를 품지 않게 되었다. 엄청난 해설이 붙은 미, ……더이상 미의 영역에서 "부르주아를 놀라게 할" 만한 것은 존재하지 않는다. (「미에 거역하는 것美に逆らうもの」, 1961)

> 미시마 : 고바야시 씨가 언젠가 쓴 글에서 미는 사람이

생각하는 것만큼 아름다운 것이 아니다, 결코 아름다운 것도 아무것도 아니라고 하신 적이 있지요. 그런 생각이 그 안에 들어 있습니다.

고바야시 : 아, 그런가요? (『미의 형태美のかたち』「고바야시 히데오와의 대담」, 1957)

한 번만 읽어도 금세 알 수 있듯이, 위의 발언들은 하나같이 '미'는 보잘것없는 것이라는 생각을 담고 있다. 고바야시 히데오와의 대담은 소설 『금각사金閣寺』를 완성한 이듬해에 이루어진 것으로, 미시마 유키오가 말하는 "그 안에"란 곧 『금각사』를 가리킨다.

그런데 이 『금각사』에서 미시마 유키오는 '미'로 하여금 말하게 한다.

우선 수행 중인 젊은 중 '나'가 하숙집 딸을 껴안으려 하는 장면을 예로 들어보기로 하자.

마침내 나는 여자의 치맛자락 안으로 손을 밀어 넣었다. ……그때 금각사가 나타난 것이다. ……하숙집 딸은 작아지며 저 멀리로 먼지처럼 날아가 버렸다. ……빈

틈없이 미에 둘러싸인 채로 어찌 인생을 향해 손을 뻗칠 수가 있겠는가. ……미라는 영원한 존재가 실로 우리 인생을 방해하고 삶을 해치는 것은 바로 이런 때다.

중요한 장면에서 '미'가 나타나 '나'를 조종하고 지배하는 것이다.

그 후에도 '미'는 종종 '나' 앞에 나타나더니, 점차 '나'의 행위를 방화放火라고 하는 클라이맥스로 이끌어가는 역할을 한다.

세부細部의 미는 그 자체가 불안으로 가득했다. 그것은 완전을 꿈꾸면서도 완결을 모르는 채로 그 다음의 미, 미지의 미로 끌려들어 갔다. 그리하여 예감은 예감으로 이어지고, 여기에는 존재하지 않는 미의 예감 하나하나가 이른바 금각의 주제를 이루었다.

미가 마지막 기회에 또다시 그 힘을 발휘하여, 예전에 몇 번씩 엄습하곤 했던 무력감으로 나를 옭아매려고 한다. 내 손발은 축 늘어졌다.

……

"나는 행위의 바로 직전 단계까지 준비했었다"라고 나

는 중얼거렸다. (방점은 원문에 따름)

'미'는 금각사와도 분리되어 있는 듯 '나'에 대립하여 존재하며, '나' 앞에 나타나 아랫사람 대하듯이 '나'를 대하고, 또한 '나'를 이끌려고 한다. 여기서 '미'는 항상 저 멀리 있고, '나'는 그것이 나타나는 것을 바라만 보는 입장이다. 따라서 정체는 드러나 있지 않다.

하지만 미시마 유키오는 앞에서 인용한 평론 등에서는 '미'에 대해 마치 무시하듯이 경멸조로 말한 바 있다.

이렇게 '미'를 말하는 방식이 서로 다른 것은 미시마 유키오의 의도적인 조작의 결과임이 분명하다. 즉 '미'를 두 가지로 구분하여 써서 독자에게 가장 효과적으로 '미'를 조작한 셈이다.

독자는 소설 속에서 '미'를 매우 중요하고 무서운 존재로 느끼지 않을 수 없다. 그러면서 한편으로는 무대 뒤로 돌아가서 보여주듯이, 미시마 유키오는 '미' 자체에 대해 경멸조로 말한다. 독자는 어느 쪽에서 보더라도 '미'의 정체를 알 수가 없다. 그래서 더욱 끌리고, 어딘가에 중요한 의미가 깊숙이 숨겨져 있는 것처럼 느끼는 것이다.

'미'를 이용한 이런 트릭은 일본에서 근대 이후에 이미 정해진 이 단어의 성격 때문에 가능했다. 이것은 일본에서 번역어가 지닌 중요한 특징을 여실히 보여주는 좋은 예라고 할 수 있다.

7. 번역어의 마술

이런 식의 번역어의 등장에 대해 나는 앞에서 '카세트 효과'라는 용어로 설명한 바 있다. 여기서는 그런 내 주장은 잠시 잊고, 인류학자 레비 스트로스의 경우를 보기로 하자. 그는 『슬픈 열대』에서 문자를 모르는 미개인들에게 문자가 처음에 어떻게 등장했는지를 관찰하고, 그 관찰을 토대로 문자란 무엇인지를 고찰했다.

레비 스트로스가 남미의 남비크와라 부족과 함께 생활할 때, 종이와 연필을 사람들에게 주며 무엇이든 쓰게 해봤다. 글자는 물론이고 그림도 그려본 적이 없는 사람들은 금세 싫증을 내고 만다. 하지만 추장만은 쓰는 행위에 흥미를 보였다.

추장만은 쓰는 행위의 의미를 확실하게 이해했다. 그래서 그는 내 것과 비슷한 수첩을 나에게 요구했고, 우리는 그것으로 함께 일을 하게 되었다. 내가 뭐라고 물으면, 그는 말로 답하지 않고 종이 위에 구불구불한 선을 그어 나에게 내밀었다. 마치 자신의 대답을 읽어보라고 말하는 것 같았다. 자신의 연극에 스스로도 반쯤 속고 있는 것이다. 선을 그을 때마다 그 선에서 어떤 의미가 튀어나올 거라고 말하려는 듯이 그는 걱정스러운 눈초리로 그것을 쳐다본다. 그러고는 역시 실망하는 표정을 짓는다. 하지만 그래도 포기하지 않는다. 그러다가 우리 사이에는 제멋대로 갈긴 그의 필적에 어떤 의미가 담겨 있고, 나는 그 의미를 이해하는 척하는 관계가 암묵적으로 형성되었다.

쓰는 행위, 즉 에크리튀르écriture의 원초적인 형태가 여기에 잘 표현되어 있다. 처음에 선의 형태가 있었다. 어느 순간 아마도 감수성도 풍부하고 지적 호기심도 왕성한 어떤 사람이 그 형태에 정체를 알 수 없는 감동을 받는다. 그리고 마침내 거기에서 의미를 찾아낸다.

의미는 형태를 공유하는 사람들 사이에서 만들어져 가

는 것이다.

의미 형성의 초기 과정에는 두 가지 방식이 있다. 하나는 함께 쓰고, 쓴 것을 같이 보는 사람들 사이에서 의미가 만들어져 가는 방식이다. 예를 들어 앞의 인용문에서처럼 레비 스트로스와 추장 사이에서 불완전한 형태이기는 하지만 암묵 중에 차차 서로 의미가 통하는 식이다.

다른 하나는 오로지 쓰기만 해서 보여주는 사람과 쓰지는 않고 쓴 것을 보기만 하는 사람 사이에서 의미가 성립되는 방식이다.

전자의 방식으로는 이른바 민주적인 의미가, 후자의 방식으로는 권력 지배적이고 계급적인 의미가 만들어진다.

후자의 방식도 레비 스트로스의 책에 소개되어 있다. 앞의 인용문 바로 다음 부분에는 그가 남비크와라 사람들에게 선물을 주자, 추장이 직접 뭐라고 쓴 종이를 읽는 척하면서 물건을 주고받는 장면이 다음과 같이 묘사되어 있다.

> 이런 연극이 두 시간 정도 계속되었다. 추장은 도대체 뭘 원했던 걸까? 아마도 스스로를 속이고자 했던 것이리라. 그러나 그 이상으로 자기 부족 사람들을 놀라게 하

고, 물건이 그런 식으로 양도된다는 것을 사람들에게 이해시키고, 또한 자신이 백인과 손잡고 있으며 백인들의 비밀에 가담하고 있다는 것을 사람들에게 알리고 싶었을 것이다.

이런 고찰을 통해 레비 스트로스는 문자라는 것에 대해 생각해본 다음, 문자는 권력적 지배의 도구라는 결론을 내린다. 예리한 문명 비평이다. 가령 일본에서도 출토되는 옛 지배자의 검 등에 문자가 새겨져 있는 것을 볼 수 있다. 문자를 새긴 사람들이 반드시 그 의미를 알았던 것은 아니라는 사실은, 거울문자라고 하는 좌우가 뒤바뀐 문자가 이따금 발견되는 것으로도 알 수가 있다. 그 문자는 의미에 의해서가 아니라 우선 그 '구불구불한' 난해한 형태로 사람들을 끌었고, 사람들은 점차 그것을 소중히 여기고 독점하게 된 것이다.

이런 역사적 체험을 생물학에서 말하는 계통발생에 비유한다면, 외국에서 문자를 수용했던 일본 민족의 경험은 마치 개체발생이 계통발생을 반복하듯이 오늘날에도 일본인 한 사람 한 사람의 번역어 체험 속에 살아 있다고 나는 생각한다.

'미'라는 단어에는 오늘날의 교양 있는 사람들도 어딘가 이해하기 힘든 면이 있다. 그 주된 이유는 '미'가 일본어로 쓰이기 이전에 먼저 번역어로서 존재했다는 데 있다. '미'에 대해서 잘 생각해보면 이해할 수 있다고 자신하는 사람도 번역어 고유의 이런 효과, 즉 '카세트 효과'로부터 자유롭기는 어렵다.

미시마 유키오의 '미'의 트릭은 이런 배경에 의해 가능했던 것이다. 그의 소설 속에서 '미'는 기습적으로 아무런 설명도 없이 나타난다. 게다가 중요한 장면에 나타나 중요한 역할을 한다. 그러면서 한편으로 그는 소설 독자들이 읽을 만한 평론문 등에서는 '미'에서 의미를 제거해버리는 식의 발언을 한다. 이렇게 그는 번역어 고유의 '카세트 효과'를 이용하기도 하고 인위적으로 만들어내기도 했다. 미시마 유키오는 마치 남비크와라족의 추장처럼 행동하고 연극을 연출하여, 독자에게 우월감을 과시하는 입장에서 이런 단어의 효과를 조작한 것이다.

제5장 연애(戀愛)
—기타무라 도코쿠와 '연애'의 숙명

1. 일본에는 '연애'가 없었다

'연애'란 무엇인가? '연애'란 남자와 여자가 서로 사랑하는 것이라든가, 그 밖의 여러 가지 정의와 설명이 있겠지만, 나는 여기서 '연애'란 바다 건너에서 수입된 관념이라고 말하고자 한다. 그런 측면에서 '연애'에 대해 생각해볼 필요가 있다.

왜일까? '연애' 역시 '미'나 '근대' 등과 마찬가지로 번역어이기 때문이다. 이 번역어 '연애'로 우리는 1세기쯤 전에 '연애'라는 것에 대해 알게 되었다. 즉 그때까지 일본에는 '연애'라는 것이 없었다.

그러나 남자와 여자가 있었고, 서로 사랑하는 감정 역시 있지 않았던가? 『만엽집万葉集(일본에서 가장 오래된 시가집-역주)』에도 그런 감정이 담긴 와카가 많지 않느냐는 반론이 얼마든지 있을 수 있다. 물론 맞는 말이다. 그러나 그런 감정을 일본에서는 과거에 '연戀'이나 '애愛', 혹은 '정情'이나 '색色'과 같은 말로 표현했다. '연애'라는 말은 쓰지 않았다.

1890년 10월, 근대 일본 초기의 여성교육을 담당한 『여학잡지』의 편집장 이와모토 요시하루는 번역소설 『은방울꽃谷間の姫百合』(스에마쓰 겐초末松謙澄의 번역본으로 원작은 Bertha

M. Clay의 Dora Thorne-역주)에 대한 비평에서 이렇게 기술하고 있다.

번역된 책을 평하려면 문장으로만 평가해야 한다. 따라서 한 가지 감탄할 만한 점과 납득하기 힘든 점을 든다면, 역자가 러브(연애)라는 감정을 가장 맑고 올바르게 번역해, 불결한 어감을 가진 이 일본의 통속적인 단어를 무척 깔끔하게 잘 사용한 능력을 들 수 있을 것이다. 예를 들어 "내 생명은 그런 '연戀'에 의해 지금까지 유지되고 있습니다. '연'은 내 목숨과 같으며 나에게 이것 외에는 어떤 즐거움도 바람도 없습니다. ……당신은 그야말로 한 남자의 오장육부를 갈기갈기 찢어놓았습니다. 한 남자의 일생을 형체도 찾아볼 수 없게 만들었습니다"와 같은 경우를 보자. 영어에는 "You have ruined my life" 등과 같은 매우 적절한 표현이 있지만, 일본 남성이 여성을 연애한다는 것은 그저 피상적인 것에 불과할 뿐 영혼soul에서 우러나와 사랑하는 것이 아니며, 따라서 이런 단어를 진지하게 사용한 경우를 찾아보기 힘들다.

여기에서 '러브(연애)'라는 말이 등장하는데, 이와모토 요시하루는 이것은 '연戀'과 같은 "불결한 어감을 가진 이 일본의 통속적인 단어"와는 다르다고 생각한다. love와 '일본의 통속적인 단어' '연'과는 다르며, 따라서 love에 적합한 새로운 단어를 만들어낼 필요가 있었고, 그것이 곧 '연애'라는 단어였다는 것이다.

이 '연애'를 근거로 생각해보면, '연애'는 "불결한 어감을 가진" '연' 같은 말과는 달리 품위가 있으며 가치가 높은 것으로 되어 있다. 그 차이는 '연애'라는 말이 "맑고 올바르게", "영혼soul에서 우러나와 사랑하는" 것이라는 의미를 갖고 있기 때문이다.

그리고 이 love=연애라는 단어가 뜻하는 상황이 서구에는 물론 있었지만 일본에는 없었다. 혹은 거의 없었다고 할 수 있다. 그래서 "일본 남성이 여성에게 연애라는 단어를 썼을 때는 그저 피상적인 것에 불과할 뿐 영혼soul에서 우러나와 사랑하는 것이 아니며" 또한 "이런 단어를 진지하게 사용한 경우를 찾아보기 힘들다"라고 말하는 것이다.

즉 연애는 가치가 높은 말이지만 그에 해당하는 상황을 일본에서는 찾아볼 수 없다고 당시의 선구적인 지식인 이와모토 요시하루는 생각했던 것이다.

2. 서양의 '연애'와 일본의 '연'

이와모토 요시하루의 이런 '연애'관에 수긍할 만한 점이 많다고 나는 생각한다. '연애'라는 말이 전하는 의미 내용이 일본에는 없었다고 하는 그의 의견에도 동감한다. '연애'가 당시 새로 만들어진 말이므로, 그에 대응하는 의미가 없었던 것은 지극히 당연한 일이라고 할 수 있다. 이것은 '사회'라는 말을 알기 이전에 '사회'에 해당하는 의미가 없었으며, '미'를 알기 이전에 '미'라는 개념이 없었던 것과 마찬가지다.

하지만 '연애'는 가치가 높고, 예전부터 일본에 있었던 '연' 등은 그에 비해 가치가 낮다는 식의 사고는 냉정하게 생각하면 잘못된 것임을 알 수가 있다. 하지만 이것은 번역어를 매개로 선진국의 사물을 받아들일 때 일본인들이 자칫 빠져들기 쉬운 사고법이다.

그러나 '연애'와 '연'이 가치의 차이를 떠나서 어쨌거나 다른 것만은 틀림없다. 그 차이에 대해 이와모토 요시하루가 앞의 글에서 '연애'를 "영혼soul에서 우러나와 사랑하는 것"이라고 말한 것은 충분히 공감이 가는 해석이다.

영어에서 love와 아주 가까운 말로 romance가 있다.

romance란 사랑 이야기를 의미하며, 중세 기사들의 이야기에서 비롯되었다. 전형적인 예가 『아서 왕과 원탁의 기사』다. 예를 들어 한 기사가 성 근처를 지나갈 때면, 저쪽 어딘가 발코니에 아름다운 여성이 모습을 드러낸다. 그러고는 스카프를 던진다. 그러면 기사는 그것을 받아들고 모험 여행을 떠난다. 여행 도중에 기사는 숲 속에서 거한과 마주쳐 결투를 벌여, 결국 거한을 물리친다. 하지만 죽이지는 않는다. 그를 항복하게 한 후에, 성을 지나갈 때 자신에게 스카프를 던졌던 여성한테 가서 자신의 얘기를 전하고 오라고 명령한다. 이것이 romance의 일반적인 패턴이다.

처음에 아름다운 여성이 있다. 멀리서 모습을 드러낸다. 남자는 곧바로 여성에게 다가가려 하지 않고 오히려 멀어져 간다. 게다가 목숨을 건 위험을 찾아 떠난다. 남자는 모험을 마치고 나서야 마침내 그 아름다운 존재 곁으로 돌아오는데, 그런 love가 시작되는 방식에 주목하고자 한다. 이런 이야기의 배경에는 마리아 숭배나 십자군 원정이 있다. 즉 기독교가 저변에 자리 잡고 있는 것이다.

'영원한 여성'이란 괴테가 『파우스트』에서 썼듯이 머나

먼 곳에서 남자를 이끄는 존재다. 그런 존재는 가까운 곳에 있어서는 안 된다. 먼 곳에 있는 존재이기 때문에 남자가 동경하는 셈이다. 따라서 설령 가까운 곳에 있더라도 애써 먼 곳에 두려고 한다. 물론 남자는 사랑하는 여성을 가까이 끌어당기고 싶어하지만, 그래서는 서구의 '연애' 패턴은 성립이 안 된다. 기사는 공주가 사는 성을 떠나 모험 여행을 시작함으로써 머나먼 곳에 있는 여성이라는 존재를 일부러 만들어낸다. 따라서 머지않아 육체적 사랑을 하게 되어도, 그와는 별개로 저 먼 곳을 동경하는 '영혼soul', 즉 정신적 사랑이 먼저 시작되는 것이다.

그런데 일본에는 이런 패턴의 사랑 이야기가 없었다. 『만엽집』의 연가戀歌들은 거의 다 두 사람이 일단 맺어지고 난 후의 슬픔이나 기쁨을 노래한다. 『만엽집』에서 사랑을 하는 남자에게 있어서 그가 사랑하는 상대는 먼 곳에 있는 존재가 아니다. 육체를 떠난 영혼만의 존재가 아닌 것이다. 『만엽집』에도 한 번 만났을 뿐인 사람을 동경하는 노래가 간혹 있기는 하다. 하지만 그런 노래를 주의 깊게 읽으면 한 번 만났다는 것은 곧 한 번 맺어졌다는 뉘앙스를 풍기는 경우가 많다.

이와모토 요시하루가 love를 '영혼soul에서 우러나와 사랑하는 것'으로 이해한 데는 이런 배경이 있었을 것이다. love란 결코 '영혼'으로만 이루어지는 것은 아니다. 그러나 영혼과 육체를 구별해서 이해하려는 생각이나 사고방식이 있는 것은 분명하다. 일본의 전통적인 '연'이나 '애'가 마음과 육체를 분리하지 않고 하나로 취급해온 것과 대조적이다. 따라서 love에 대한 해석으로서 '영혼'만을 특히 강조하는 '연애'관이 있는 것도 이상할 것은 없다고 생각한다.

3. '연애'라는 단어의 탄생 과정

'연애'라는 단어는 언제쯤 쓰기 시작했을까? 여기서 love나 그에 해당하는 서구어 번역의 역사를 살펴보자.

일본어 사전은 아니지만, 에도막부 말기부터 메이지 초기의 사람들이 흔히 쓰던 각종 영어-중국어 사전에는 오래 전부터 '연애'라는 단어가 나온다. 단, 동사 love의 번역어이지 명사 love의 번역어는 아니다. 메더스트의 『영화자전』(1847~1848)에는 to love의 번역어로 '애愛', '호好'를 비롯하여 '애석愛惜', '연애' 등이 나온다. 명사 love 항은 '애정, 총寵, 인仁' 등으로 설명되어 있으나 '연애'라는 단어는 찾아볼 수 없다. 롭셰이드의 『영화자전』(1866~1869)의 경우도 거의 비슷하다.

일본어 사전의 경우 『화란자휘』(1855~1858)에는 liefde의 번역어로 '총애寵愛 그리고 경애敬愛', '인仁'이 등장한다. 『불어명요』(1864)에는 amour의 번역어로 '연戀, 애愛, 연신戀神'이 등장한다. 『영화대역수진사서』(1862)에는 love가 '애愛, 연戀, 재보財寶'로 나와 있다. 일본어 사전에 '연애'라는 단어가 등장하는 것은 『불화사림』이 아마 가장 빠를 것이다. 1887년판에서는 amour의 번역어가 '연애, 종애鍾愛, 호애好愛, 애愛, 사랑받는 자'로 되어 있다.

'연애'라는 번역어의 실제 용례는 앞에서 언급한 이와모토 요시하루 이전에는 찾아보기 힘들다. 아마도 최초의 용례는 1870년경에 나온 나카무라 마사나오의 번역서인 『서국입지편西国立志編』에서 찾을 수 있을 것 같은데, 거기에 다음과 같은 표현이 나온다.

리李는 일찍이 마을 처녀를 본 뒤, 깊이 연애하였으니,

원문(S. Smiles, Self-help, 1859)에는 이 부분이 다음과 같이 되어 있다.

> to have fallen deeply in love with a young lady of the village,

나카무라 마사나오의 번역문은 본디 영어-중국어 사전의 영향을 많이 받았으므로, 이것 역시 그럴 것으로 추측된다. "연애하였으니"라는 표현에서 '연애'는 '연애하다'라는 동사의 어간이다. 이 점 역시 영어-중국어 사전에서 '연애'를 동사로 취급하는 것과 흡사하다.

이와모토 요시하루의 '연애'에 대한 소개도 그 계보를 따져보면 영어-중국어 사전의 뜻풀이를 계승한 것으로 보인다. 하지만 그의 그런 '연애'론은 일본의 '연애'사에서 획기적인 사건이었다고 할 수 있다.

우선 이와모토 요시하루는 앞에서 인용한 비평문에서 '연애'를 전면적으로 긍정했다. 그것은 특히나 그 당시의 시대 상황을 고려하면 획기적인 일이었다.

'연애'는 특히 소설의 중심 주제이지만, 에도막부 말기에서 메이지 초기까지 번역되고 소개된 서구의 서적들 중에 소설은 별로 없었다. 있다 해도『로빈슨 크루소』와 같은 모험소설이나 정치소설 같은 것이 주를 이루었다. 요컨대 남자의 시대였던 것이다. 국가 만들기에 여념이 없던 남자들에게 '소설'이나 '연애'는 관심의 끝자락에 있었다.『서국입지편』에서도 '연애'라는 단어가 단 한 차례 나올 따름이다. 소년 리李는 '연애'를 하지만 여자는 양말 짜느라 바빠 상대도 해주지 않는다. 그래서 자동으로 양말을 짜는 기계를 발명할 생각을 하게 되었다는 내용이다.

이와모토 요시하루의『여학잡지』는 이런 남자들의 시대 속에서 있는 힘을 다해 저항의 거점 역할을 한 셈이었다. 그의 소개가 있고 나서, '연애'는 그의 선도와 지지로 이 잡지의 중심 주제가 되어갔다. '연애'론에 관한 투고가 자주 실렸으며, 기타무라 도코쿠北村透谷(1868~1894. 평론가이자 시인-역주)가 그런 흐름을 이어갔다. 그 결과 이윽고 일본에서 낭만주의 시대가 꽃피었다.

그런데 문제는 '연애'라는 번역어, 즉 말에 있었다. 이와모토 요시하루에서 시작되어 기타무라 도코쿠를 거쳐 일본의 한 시대의 문예로 계승된 '연애'의 사상과 특징을 시대나 역사의 관점에서 바라보는 것은 물론 중요하다. 하지만 그와는 별개로 번역어라는 관점에서 접근할 수도 있을 것이다. 그 점에 대해 고찰해보기로 하자.

4. '연애'의 유행

이와모토 요시하루의 글이 나온 다음 달인 1890년 11월, 『여학잡지』에 애산생愛山生이라는 필명으로 「연애의 철학」이라는 글이 실렸다. 젊은 사람으로 추정되는 필자는 열렬한 어조로 논지를 전개한 후에 이렇게 끝을 맺었다.

> 아아, 사람의 영혼과 신체에 혁명을 부여하는 연애여! 취미와 상상의 새 경지를 개척하는 연애여! 영웅을 만들고 호걸을 만드는 연애여! 가정을 꾸리게 하고 나라를 굳건하게 하는 연애여! 나는 위대한 시인이 나와 그대를 폄하한 수많은 소인배들의 눈을 번쩍 뜨게 해주길 바라노라.

어깨에 잔뜩 힘이 들어간 생경한 문장이다. "영웅을 만들고 호걸을 만드는 연애여! 가정을 꾸리게 하고 나라를 굳건하게 하는 연애여!"라고 외치는 대목은 참으로 당돌하고 우스꽝스럽기까지 하다. 물론 논리의 비약도 보인다. 도대체 이 사람은 '연애'를 무엇이라고 생각했던 것일까?

그러나 이 사람만 그런 게 아니었다. 당시의 일본인들은 아마도 처음으로 이른바 당당하게 긍정할 수 있는 '연애'의 존재를 알게 되었을 것이다. 그것은 우선 말로 다가왔다. 어쨌거나 중요한 것, 멋진 것으로 다가왔다. 즉 그 말이 갖는 의미나 내용을 충분히 이해할 수는 없으나 어찌되었든 중요한 것으로 받아들인 것이다.

그런 와중에도 이와모토 요시하루에게 자극받아 love의 의미에 상응하는 일본어를 찾으려 한 사람도 있었다. 비슷한 시기인 1891년 2월, 『여학잡지』에 실린 「색정 · 애정론」이라는 제목의 투고에서 그런 예를 찾아볼 수 있다.

> 흔히들 이것을 남녀의 정애情愛라고 한다. 이 감정에는 두 가지가 있다. 영어에서는 그 하나를 '러브'라고 하고 다른 하나를 '러스트lust'라고 한다. '러브'는 고상한 감정이고, '러스트'는 저급한 정욕이다. 그러나 일본어에는 분명한 구별이 없다. 나는 전자를 애정, 후자를 색정으

로 구분하여 그 차이에 대해 간단하게나마 언급하고자 한다. ……속어에 '색色', '연戀'과 같은 말이 있다. 옛날에는 이런 말에 요즘과 같은 저급한 뜻은 없었는지 당시에는 "색色을 즐겨라", "연戀을 하라"라고 권하는 호사가들도 있었다고 한다. 과거의 의미는 차치하고 오늘날에는 이런 수상쩍은 말을 사용하여 사람들이 비속한 연상을 하지 않도록 노력하는 것이 식자들의 임무다. ……오늘날에는 '색'이나 '연', 혹은 '색연色戀'이라는 단어 등은 (적어도 속어에서는) 이미 정해진 뜻을 갖고 있다. 나는 어디까지나 이런 말들과 '애정'이라는 신성한 말을 혼동하지 않기를 바라는 바이다.

기본적인 논리는 이와모토 요시하루와 유사하여, "'러브'는 고상한 감정"이고, '색色'과 '연戀'은 '저급한 뜻'을 갖고 있어 '비속한 연상'을 불러일으키는 말이라고 설명한다. 그리고 이와모토 요시하루가 '연애'라는 새로운 단어를 가져와서 '러브'에 대체하고자 한 데 비해, 이 투고에는 '애정'으로 대체하자는 의견이 제시되어 있다.

그러나 새로 출현한 이 '고상한' 행위를 표현하기 위해서는 결국 새로운 말이 더 어울린다고 사람들은 생각했던 것 같다. 이후로 '연애'는 이 잡지를 중심으로 사람들 사이에서 급속히 보급되고 유행했다.

'연애'의 유행은 맨 먼저 '연애'라는 말의 유행으로 나타났다. 그런 다음 얼마 후에 이 말에 고무된 젊은 사람들 사이에서 '연애'라는 행위의 유행으로 퍼져 나갔다. '연애'를 유행시킨 사람들의 대다수는 지식층 계급과 그 자제들이다. 특히 프로테스탄트계의 기독교 신자와 그 주변 사람들이 많다. 대부분의 번역어가 그렇듯이, 지식인들이 많은 것이다. 특히 기독교 신자들이 '연애'에 많은 관심을 보인 것은 '연애'의 정신적 측면을 강조한 이와모토 요시하루의 해석의 영향으로 볼 수 있다.

한편으로 '연애'의 유행은 반감도 불러일으켰다. 이것 역시 새로운 번역어를 둘러싸고 공통적으로 일어나는 반응이다. 사람들은 아무렇지도 않게 '연애'를 입에 올리고 실행에 옮겼다. '색'이나 '연'이 흔히 있을 수 있는 것이었으나 남들의 이목을 피해야 했던 것과는 대조적이라고 할 수 있다. 따라서 당연히 보수적인 사람들의 반감을 샀다. 그뿐만 아니라 메이지유신 이후로 새 시대를 주도해온 주류 엘리트들도 '연애'의 유행을 달가워하지 않았다.

1891년 7월, 당시 논단을 주도하던 『국민의 벗』에는 핵심논객이었던 도쿠토미 소호德富蘇峰의 「연애를 비판한다非恋愛」는 제목의 논설이 실렸다. "연애가 무엇이냐. 남녀교제가 무엇이냐. 자유결혼이 무엇이냐"라고 하며 '연애'를 규탄하고 '연애'에 넋을 빼앗긴 청춘남녀들을 개탄했다. 그러자 바로 다음 달에 이와모토 요시하루가 「연애에 대한 비판을 비판한다非恋愛を非とす」라는 글을 『여학잡지』에 게재하여, "연애는 신성한 것이다"라는 반론을 펼쳤다.

이러한 공방을 통해 당시의 젊은 지식층 남녀들 사이에서 '연애'의 열기가 얼마나 고조되었는지를 짐작할 수 있을 것이다.

5. 기타무로 도코쿠와 '연애'의 숙명

이와모토 요시하루의 인정을 받은 기타무라 도코쿠는 『여학잡지』에 자주 글을 실었다. 문학사에 남을 정도의 유명한 글도 이 잡지에 발표했다.

1890년 1월, 기타무라 도코쿠는 논단의 출세작이었던 「당대 문학의 조류에 대해当世文学の潮模様」에서 '애련愛戀'

이라는 말에 대해 다음과 같이 논했다.

> 자, 이제 그들에게 나의 지혜를 통해 인정人情의 길을 알려주겠노라. 애련愛戀의 철학적 이치를 전수해주겠노라. 희랍의 고대철학과 구미의 새로운 사상을 붓 가는 대로 보여주겠노라. 그대들의 사상이란 다음과 같은 것이 아니겠느냐? ……우주 그 어디에도 애련보다 위대한 것은 없을지니라. 이것을 추구하는 것이 소설가의 본령임에도 나는 아직 여기에 이른 소설가를 알지 못하노라.

여기에 쓰인 '애련'은 딱히 번역어 같은 느낌이 들지는 않는다. '애련'이라는 용어는 한문서적에서도 오래된 용례를 발견할 수 있다. 남녀 간의 애정을 뜻하는 말인 것이다. 이 글에 쓰인 '애련'이라는 말에는 앞서 인용한 글에서 본 바와 같은, 문장 속에서 번역어에 수반되는 고유의 '효과'는 보이지 않는다.

그런데 이로부터 2개월 후인 3월에, 기타무라 도코쿠는 「시대 흐름에 대한 감상時勢に感あり」이라는 글을 썼다. 여기에서 '연애'라는 단어가 쓰였다.

아아, 어찌 그렇겠느냐? 격분해서 마주해야 할 사회가 그대 눈앞에 펼쳐져 있지 아니한가. 연애에 관한 구구절절한 설명은 지겨워진 지 오래다. 한평생의 하찮은 영화나 명성을 좇다니 얼마나 편협한 생각이냐.

그러나 이것도 앞서의 '애련'과 마찬가지로 번역어가 아니며 번역어 고유의 '효과'를 수반한 용법도 아니다. 당시로서는 보기 드문 용례인데, 같은 글의 바로 앞부분에 '연정'이라는 단어도 나오는 것으로 봐서 글의 흐름상 우연히 써본 것으로 추정된다.

그리고 1892년 2월, 기타무라 도코쿠는 「염세시인과 여성厭世詩家と女性」이라는 제목의 논설을 『여학잡지』에 발표했다. 그 서두 부분을 인용해보자.

연애는 세상의 비밀을 여는 열쇠이니라. 연애 있은 연후에 세상 있을지니라. 연애가 없다면 인생에 무슨 의미가 있겠는가?

훗날 사회주의운동가이자 소설가인 기노시타 나오에木

下尙江는 이 기술에 대해 "이 구절은 그야말로 대포 포탄이 작렬하는 느낌을 주었다. 이토록 진지하게 연애에 천착한 말은 일본에서 처음일 것이다"라고 썼다(「후쿠자와 유키치와 기타무로 도코쿠—사상사 2대 은인福沢諭吉と北村透谷—思想史上の二大恩人」, 1934). 또한 이 글은 나중에 문예잡지 『문학계』에서 활동한 시마자키 도손島崎藤村과 같은 시인들에게도 큰 영향을 미쳤기에, 문학사에서 메이지 낭만주의 시대의 한 획을 그은 논문으로 평가받고 있다.

앞의 글에서는 2년 전에 기타무라 도코쿠가 같은 잡지에 발표한 「당대 문학의 조류에 대해」와는 정반대라고 해도 좋을 정도로 뚜렷한 논지의 변화를 확인할 수가 있다. 즉 "우주 그 어디에도 애련보다 위대한 것은 없을지니라. 이것을 추구하는 것이 소설가의 본령임에도 나는 아직 여기에 이른 소설가를 알지 못하노라"라고 하며 '애련'의 한계를 지적하는 데 중점을 두었던 그가 앞의 글에서는 "연애 있은 연후에 세상 있을지니라"라고 말하고 있는 것이다[1].

하지만 내가 보기에는 이상할 것이 없다. 2년 전에는

1) 필자는 이 부분에서 텍스트를 잘못 해석하여, 이후의 논리에서 약간의 오류를 범하고 있다. 「당대 문학의 조류에 대해」의 인용부분은 '애련'의 한계가 아니라 '애련'을 제대로 묘사하지 못하는 소설가들의 한계에 대해 언급한 것이다.

'애련'이었으나, 여기서는 '연애'에 대해 논하고 있기 때문이다. 즉 '애련'이 아닌 번역어 '연애'이기에 이상할 것이 없다는 것이다.

기타무라 도코쿠가 여기서 말한 것은 love로서의 '연애'였다. 그는 앞의 글에서 괴테, 바이런, 실러, 밀턴, 칼라일, 에머슨, 스위프트 등과 같은 서구의 시인과 문인의 '연애'에 대해서는 종종 언급하고 있으나, 일본을 비롯한 동양의 예로는 석가모니나 고다 로한幸田露伴(1867~1947. 소설가-역주)이 여성을 경멸하고 결국 '연애'를 부정했다는 것이 잠깐 언급되어 있을 따름이다. 젊었을 적에 여학교에서 영어를 가르칠 정도로 영어에 능통했던 기타무라 도코쿠에게는 '연애'라는 말은 곧 'love'와 직결되어 있었다. 즉 '연애'는 love에 의해 펼쳐지는 현란한 세계와 직결된 단어였다.

그러나 기타무라 도코쿠의 '연애' 역시 love와 똑같지는 않았다고 나는 생각한다. 앞에서 언급한 「염세시인과 여성」에서 그는 이렇게 말한다.

> 춘심이 발동하면 동시에 연애 감정이 생긴다고 한 것은 예로부터 사이비 소설가들 자신의 저속한 생각에서

비롯된 병폐다. 연애가 어찌 단순한 사모思慕이겠는가? 상상 세계와 현실 세계의 싸움에서 상상 세계의 패장敗將이 끝까지 지켜내려 하는 아성이 바로 연애다.

여기에 이 논문의 중심 주제가 담겨 있다. 즉 이 '연애'론에서 '연애'에 대한 정의를 내리고 있는 부분이다. 그러나 생각해보면 "춘심이 발동하면 동시에 연애 감정이 생긴다고 한 것은 예로부터 사이비 소설가들 자신의 저속한 생각에서" 그런 것이 아니라, 이것 역시 love라고 할 수 있다. '춘심이 발동'한 '연애'를 그린 서구의 수많은 명작을 부정할 수는 없다. "연애가 어찌 단순한 사모思慕이겠는가?"라고 말하지만, love는 '단순한 사모'도 포함하고 있다. 기타무라 도코쿠는 그 점을 무시하고 '상상 세계의' '아성'으로서의 love만이 곧 '연애'라고 했다.

바꾸어 말하면 기타무라 도코쿠는 '연애'의 의미를 오로지 '상상 세계의' '아성'으로 축소했다고 할 수 있다. 이것은 일본에서 번역어가 갖는 특징적인 성격을 암시하는 것이다.

기타무라 도코쿠는 그 후에도 편집자 이와모토 요시

하루와 젊은 독자들의 지지를 받아 계속해서 『여학잡지』에 글을 발표했다. 다양한 주제를 다루었으나 '연애'를 논한 것이 많다. 그의 글에서 '연애'는 점차로 관념화해간다. 「노래 염불을 읊고歌念仏を詠みて」라는 글에서는 "본래 연애란 모든 애정의 근원이다"라고 하면서, 따라서 '부모 자식', '친구', '하느님'에 대한 사랑의 근원도 결국은 '연애'라고 말한다. 이것은 love하고도 거리가 먼 관념이다. 번역어 '연애'는 한편으로 순수 일본어와도 다르면서, 다른 한편으로 그 의미나 기능상 원어 love하고도 똑같지는 않았던 셈이다.

이렇게 관념화됨으로써 당연히 '연애'는 일본의 전통이나 현실 속에서 점점 실현이 어려워진다. 따라서 '연애'는 현실 속에 살아 있는 의미가 아니라, 일본의 현실을 재단하는 규범이 되어간다. 이것은 일본 번역어의 숙명이다. 그리고 이 숙명이 기타무라 도코쿠 자신의 짧은 생애나, 나아가 아마도 그의 '연애'관에 감동한 사람들, 즉 메이지 낭만주의 시인들의 뜨겁지만 짧은 생명에도 영향을 미쳤을 것이다.

제6장 존재(存在)
―존재하다, ある, いる

1. 사전에 등장한 번역어 '존재'

'존재'라는 말은 영어의 being, 독일어의 Sein, 불어의 être 등의 번역어로서 '존存'과 '재在'를 조합하여 만들어진 말이다. 우선 그 탄생 과정을 사전을 통해 확인해보자.

『하루마화해』에는 네덜란드어 wezen이 '자연自然, 그러하게 하는 것, 도道, 가르침'으로 나와 있다. 오늘날의 '존재'에 해당하는 의미는 '자연, 그러하게 하는 것' 정도라고 할까?

'존재'는 예로부터 한문 서적에서 쓰였지만 용례는 매우 적다. 영어-중국어 사전에는 '존재'라는 번역어가 없다. 따라서 '사회'와 마찬가지로 번역어 '존재'는 일본에서 만든 단어라고 할 수 있을 것이다. 롭셰이드의 『영화자전』에는 being이 '재在, 유재有在, 자재지유自在之有, 자연지유自然之有, 무형무영지유無形無影之有' 등으로 나와 있다.

『영화대역수진사서』에는 being이 '드러나 있는 것, 형체形體'로 설명되어 있다.

내가 아는 한 '존재'라는 단어가 최초로 등장한 것은 1871년에 나가사키 출신의 고주도好樹堂가 번역한 프랑스어-일본어 사전인 『불화사전仏和辞典』으로, 여기서는 être

가 '존재, 형체'로 번역되어 있다. 이후에 '존재'는 프랑스어에 대한 번역어로 종종 쓰였는지 『불화사림』의 être 항에도 등장한다.

> 상황, 존재, 품위, 물物, 생존물生存物, 사람, 생활, 생명, 물성物性, 물질, 생물의 성질, 유有

'존재'는 철학용어임에도 철학 사전에서는 좀처럼 찾아보기 힘들다. 1881년 이노우에 데쓰지로井上哲次郎 등이 편찬한 『철학자휘哲学字彙』의 경우를 보자.

Being	실재實在, 현체現體
absolute being	순전실재純全實在
rational being	영심생류靈心生類
sentiment being	유정물有情物

1884년의 개정판도 마찬가지다. 하지만 1912년판에서는 변화가 나타난다.

Being	실재, 존재, 생류生類, 유有
absolute being	절대실재絶對實在
human being	인류人類
pure being	순수실재純粹實在
rational being	합리생류合理生類

이 무렵 모든 분야에서 번역어가 거의 정착하였으며, 당시 정착한 번역어가 오늘날까지도 그대로 쓰이고 있다.

2. 와쓰지 데쓰로의 being 번역론

철학에서 '존재'론의 중심 테마는 돌멩이의 존재나 인류의 존재가 아니라 인간 자신의 '존재'에 있다. 앞에서 인용한 여러 사전을 보면, '재在'라는 글자는 많지만 '존存'이라는 글자는 드물다. 이 '존'과 '재'를 조합하여 '존재'를 만든 셈이다. 와쓰지 데쓰로和辻哲郎(1889~1960. 일본적인 사상과 서양철학을 융합한 철학자이자 윤리학자-역주)는 이렇게 해서 만들어진 '존재'라는 단어는 인간 본연의 모습에 대한 적합한 표현이라고 했다(『인간에 대한 학문으로서의 윤리학人間の学としての倫理

学』, 이와나미서점, 1934).

'존'은 일상적으로 '존지테 오리마스存じております('알고 있습니다' 혹은 '생각하고 있습니다'라는 뜻-역주)'라고 할 때 쓰는데, 예로부터 한문 서적에서 '소존所存'이라는 표현이 있어서 사람들이 마음에 두고 있다는 의미로 쓰였다. 이런 표현은 지금도 그대로 쓰이고 있다. 또한 존신存身, 존명存命 등의 용법도 있다. 즉 '존'은 '인간 주체의 행동으로서 시간적 추이와 더불어 있다'라는 의미를 갖는다.

또한 '재'는 재숙在宿, 재택在宅, 재향在鄕, 재세在世와 같이 '공간적 · 사회적으로 있다', '주체적으로 행동하는 자가 인간관계 속에 있다'는 것을 나타낸다.

따라서 존재라는 표현은 주체적이고 시간적이며 공간적인 인간의 모습을 나타내기에 적합하다고 와쓰지 데쓰로는 말한다.

그런데 being이나 Sein 등의 서구어와 '존재'라는 말 사이에는 중요한 차이가 있다. being의 동사형 be는 I am. 즉 '내가 있다'는 뜻으로 쓰임과 동시에, I am a boy. 즉 '나는 소년이다'라는 뜻으로도 쓰인다. 전자 '~가 있다'는 흔히 말하는 '존재하다'의 뜻으로, 철학에서 '존재'론의 주제에 해당한다. 후자 '~이다'는 계사繫辭(코퓰러)로서 주어와 술어를 연결하는 역할을 한다. 이것은 '인간은 동물이다'와 같이 문장 전체가 갖는 의미와 직결되어 있으며 논리학과 관련이 깊다. be에는 이렇게 두 가지 뜻이 있는 셈인데, '존재하다'에는 전자의 뜻만 있고 후자의 뜻이 없다.

따라서 와쓰지 데쓰로는 넓은 의미에서의 being이나 Sein에 대한 번역어로는 '~가아루(がある, 이/가 있다)', '~데아루(である, 이다)'에 공통적으로 들어가는 '아루(ある, 있다)', 즉 한자어로 '유有'가 적합하다고 했다. 그는 '유'에는 '소유所有'와 같이 뭔가를 갖는다는 뜻이 있으며, 유위有爲, 유지有志, 유죄有罪 등도 '있다'와 함께 소유를 뜻한다고 한 다음, 나아가서 "인간이 있는 것은 곧 인간이 인간 자신을 갖는 것이다"라고 말한다. 그러고는 하이데거도 그리스어 ousia(우시아. 존재, 실체)에 대해 같은 말을 했다고 한다.

앞에서 언급한 사전들 중에도 being의 번역어로 '유'를 쓴 사전이 꽤 오래 전부터 있었다. 또한 오늘날의 철학자 중에도 '유'를 쓰는 사람이 있는 것은 와쓰지 데쓰로의 영향일 것으로 추측된다.

3. '~데아루(~이다)'는 번역을 통해 탄생했다

위에서 being이나 Sein의 번역어에 대한 와쓰지 데쓰로의 의견을 장황하게 소개했는데, 그 이유는 그가 일본 학자로서는 보기 드물게 언어감각이 뛰어난 사람이라는 데 있다. 예를 들어 서양의 학술 서적에서는 제1권 제1장의 첫 부분에서 기본적인 용어의 역사나 의미에 대해 논하는 경우가 많은데, 일본의 학문에서는 그 용어가 기본적인 것일수록 대부분 번역어이기 때문에 단어에 대해 논하려고 하면 일본어를 떠나서 주로 그리스 이래의 서구어에 대한 고찰을 소개하는 수밖에 없다. being에 대응하는 일본어를 들어 윤리학에 대해 논한 와쓰지 데쓰로의 기본 자세는 일본어로 사고를 전개하고자 했다는 점에서 평가받을 만하다고 생각한다.

그러나 그렇다고 해도 나는 그의 의견을 비판하지 않을 수 없는 입장이다. 이제부터 being에 대응하는 일본어에 대해 생각해보고, 그런 다음 와쓰지 데쓰로의 견해와 비교해가면서 기술하고자 한다.

우선 being이나 Sein 등이 지닌 두 가지 뜻, 즉 '존재'의 뜻과 계사로서의 뜻 모두에 대해 일본어에서는 '~가아루

がある'와 '~데아루である'와 같이 '아루'라는 말이 들어간다고 그는 말했는데, '~데아루'라는 표현은 사실은 being 등의 서구어에 대한 번역의 결과로 만들어진 일본어다. 그런 점에서 being이나 Sein 등과 '아루'는 역시 중요한 차이가 있다고 하지 않을 수 없다.

서구어의 계사에 대한 번역어로서 오늘날 쓰이는 '~데아루'라는 표현을 만든 이들은 난학자蘭學者[1]들이다. 『화란자휘』(1855~1858)에는 예문이 많은 데다 예문들을 꼼꼼하게 번역해놓았는데, 그 가운데 이런 예문이 있다.

> Dat zijn eerlijke lieden. 夫レハ正シキ人々デアル(그것은 정직한 사람들이다)

이것을 영어로 바꾸면, "Those are honest people"이 된다. 네덜란드어 문장의 zijn은 영어의 be동사의 3인칭 복수형에 해당된다. 이것을 우선 '아루アル'로 번역한 것이다. '아루'는 본래 '존재하다'라는 뜻의 일본어다. 이것

---

1) 에도시대 중기에 네덜란드어 서적을 통해서 서양 학술을 연구한 학자. 난학자들이 서양의학이나 자연과학 관련 서적을 번역함으로써 일본의 번역사가 시작되었다고 할 수 있다.

은 원문에서는 술어동사로 주어 다음에 오지만, 일본어 문장에서는 원칙적으로 술어동사는 문장 끝에 온다. 따라서 "夫レハ正シキ人々・アル"가 되는데, 이것은 일본어 어감상 아무래도 이상하다.[2)] 그래서 '데デ'를 '아루アル' 앞에 작은 글씨로 붙여 'デアル'로 번역한 것으로 추정된다.

'~데아루'라는 표현이 그때까지 일본어에 없었던 것은 아니다. 하지만 흔히 쓰이지는 않았다. 만약 '~데아루'가 일반적으로 흔히 쓰이는 표현이었다면 굳이 '데'의 글자 크기를 줄여 'デアル'와 같은 식으로 표기하지는 않았을 것이다.

이 사전에서는 zijn의 번역어로 '~데아루' 이외에 '~니아루(ニアル)'도 쓰이긴 했으나 주로 쓰인 것은 '~데아루'다. 당시의 일본어 문장으로는 이례적으로 '~데아루'의 사용 빈도가 매우 높은 셈이다. 영어 번역을 통해 탄생한 이런 문체는 메이지 초기에는 번역문 이외의 문장에도 쓰이기에 이르렀으며 그것이 오늘날까지도 이어지고 있다.

이상의 고찰에 의하면 일본어 '아루'가 being 등과 마찬

---

2) "夫レハ正シキ人々・アル"는 "그들은 정직한 사람들 있다"라는 뜻이 되므로 일본어 어감상 이상하다고 한 것이다.

가지로 '존재'의 뜻과 계사의 뜻을 동시에 갖고 있다고 하는 와쓰지 데쓰로의 생각은 수정되어야 할 것 같다. 요컨대 '아루'는 원래 그렇게 두 가지 의미를 갖고 있었던 것이 아니라 서양 문장의 번역 과정에서 그런 식으로 변화되어 온 것이라고 할 수 있다.

4. '존재'는 '존' + '재'가 아니다

다음으로 '존'은 시간적 의미, '재'는 장소적 의미를 갖고 있으므로, '존재'는 '자기 자신이 있다'고 하는 의미의 being에 대한 번역어로서 적절하다고 한 와쓰지 데쓰로의 의견에 대해 생각해보자. '존재'라는 두 글자의 신조어를 만든 이상, 이런 식의 의미 분석은 거의 불필요하다고 나는 생각한다. '사회'와 '회사'의 의미가 '사'나 '회'와는 거의 관계가 없는 것과 마찬가지다.

'존재'는 한 단어다. 특히 이 말을 듣는 다수의 사람들에게 '존재'는 단지 '존재'일 뿐이다. 이 말이 쓰인 문맥으로 인해 사람들은 이것이 번역을 위해 만들어진 단어이며, 우리가 평소에 별로 들어보지 못한 뜻의 단어라는 것은 알지만, 그때 '존'이나 '재'와 연관해 그 의미를 생각하는 경우는 거의 없다. '존재'란 뭔가 심각하고 고상한 의미를 지닌 것 같은 효과를 내는 '카세트(보석상자)'와 같은 단어다. 예를 들어 '내가 있다'라는 것에 대해 생각한다고 말하는 대신에 '내 존재'에 대해 생각한다고 말하면 왠지 접근하기 어려운 심각한 문제인 것 같은 느낌을 주는 식이다.

5. '아루(ある)'와 '유(有)'는 같지 않다

이제 와쓰지 데쓰로의 '유'라는 번역어에 대해 생각해보기로 하자. 롭셰이드의 『영화자전』에서처럼 만약 being을 한 글자 '재在'로 번역했다면, 여기에는 한자어이면서 동시에 일본어인 '재'의 본래 의미가 살아 있다. '유'라는 한 글자로 된 번역어에도 '있다'라는 뜻의 일본어 '아루'의 의미가 당연히 살아 있다.

그러나 '유'와 '아루'에는 중요한 차이도 있다. 우선 철학용어로 쓰이는 한 글자 한자어 '유'는 명사이지만 '아루'는 동사다. 그리고 '~가아루'와 '~데아루'로 구분하여 쓸 수 있고, be의 의미에 가까운 뜻으로 쓸 수 있는 것은 '아루'

이지 '유'가 아니다.

일본어 '아루'는 특히 명사화하기 어려운 '동사'다. 일반적으로 일본어 동사는 연용형(용언에 연결될 때 쓰이는 동사의 활용 형태-역주)으로 명사화한다. 그러나 '아루'의 연용형인 '아리あり'가 명사형으로 쓰이는 경우는 거의 없다.

'아루'가 명사화하기 어려운 이유는 '아루'가 실질적인 의미도 물론 갖고 있지만 형식적인 기능으로 쓰이는 경우가 많기 때문일 것으로 생각된다. 형식적인 용법이란 예전에 '니 · 아리(에 있다)'나 '테 · 아리(해 있다)'로부터 조동사 '나리'나 '타리'가 만들어진 것을 예로 들 수 있다. 또한 오늘날의 구어에서도 '書いてある(쓰여 있다)'와 같은 이른바 보조동사로서 '아루'가 쓰이는 경우를 말한다. 조동사나 보조동사는 실질적인 의미가 아닌 형식적인 기능만을 갖는다. '데아루'라는 조동사적인 표현이 만들어진 것도 이 단어가 본래 지닌 그런 기능 때문일 것이다. 그리고 형식적인 기능의 말이기에 명사화할 필요도 없었던 것이다.

그러나 '아루'에는 물론 실질적인 의미가 있다. 돌멩이가 있다, 돈이 있다, 의미가 있다, 세상에 있다 등과 같이 널리 쓰여, 일본어 동사 중 특히 의미 범위가 넓고 추상적이다. 그리고 또한 의미가 추상적이기 때문에 형식적으로 쓰이는 것이다.

그렇기 때문에 일본어에서는 특히 추상적인 의미를 지닌 기본적인 동사는 명사화하기 힘들다는 사실이 중요하다.

이와 같은 일본어의 중요한 특징을 무시하고, '아루'와 한자의 명사 '유有'를 동일시하는 것은 문제가 있지 않을까?

와쓰지 데쓰로는 being에 대응하는 일본어를 고찰할 때 한자를 중심으로 생각도 하고 용례도 들었다. 오랫동안 전해 내려오는 순수 일본어는 경시한 것이다. 그래서 애써 '아루'를 생각해내고서도 '유'라는 단어로 바꿔버렸다.

여기에는 또 다른 이유가 있다. '존재'론이나 '유'론은 학문으로서 성립 가능하지만, '아루'론은 그렇지 못하다는 이유다. 왜냐하면 고대 그리스 이래로 철학을 포함한 모든 학문은 명사형의 말을 중심으로 성립되어왔기 때문이다. 이것은 서구의 언어 구조와 깊은 관련이 있다. 서구의 문장은 명사형의 주어를 반드시 필요로 하며, 3인칭대명사나 관계대명사 등 명사를 중심으로 전개되어야만 한다.

이런 기능은 일본어에는 약하거나 혹은 없다고 해야 할 것이다.

그리고 중국의 학문과 사상 역시 명사 중심으로 이루어져 있다. 그렇기 때문에 일본인은 예전에 중국의 한자문화를 받아들인 것처럼, 근대 이후 서구의 학문과 사상을 받아들이기가 비교적 쉬웠다고 할 수 있다. 바로 그런 이유로 이 책에서 내가 다룬 중요한 번역어가 전부 한자의 명사형인 것이다.

예를 들어 '유는 무엇인가?'라는 질문에 대해 '유는 이러이러한 것이다'라고 생각할 때, 이 '유'는 당연히 명사다. 그렇기 때문에 being이나 Sein과 같은 철학 용어의 번역어로 쓸 수 있는 것이다. 하지만 '아루'에 대해서는 이런 식의 질문이나 사고는 본질적으로 어울리지 않는다. '아루'는 명사가 될 수 없는 동사이기 때문이다. 따라서 만일 일본어 '아루'를 생각하려면 문장에서 주어의 위치에 두고 생각할 것이 아니라 뭔가 다른 방법을 취해야만 할 것이다.

6. '私はある(나는 있다)'는 잘못된 표현이다

'존재'론의 고전적인 명제인 데카르트의 『방법서설』(1637)에 나오는 구절을 예로 들어보기로 하자.

Je pense, donc je suis.

이 구절은 영어로는 "I think, therefore I am."으로 번역된다. 그리고 일본어로는 다음과 같이 번역되었다.

私は考える、だから私はある(나는 생각한다, 따라서 나는 있다).

즉 프랑스어의 존재동사 'suis'(영어로는 am)가 '아루'로 번역된 것이다. 이것은 아무래도 이상하다. '아루'로 번역될 것이 아니라 '이루'로 번역되어야 마땅하기 때문이다.[3] 이것이 일본어의 올바른 표현이다. 그런데 어떤 철학 관련 번역서를 봐도 이런 이상한 일본어 번역문이 실려 있다.

---

3) 존재의 유무를 나타내는 '있다'라는 뜻을 가진 일본어는 '아루(ある, 有る)'와 '이루(いる, 居る)' 두 종류가 있어, 무생물의 존재 여부에 대해서는 '아루'를, 생물의 존재 여부에 대해서는 '이루'를 쓰도록 정해져 있다. 따라서 여기서는 '나'가 주어이므로 '아루'가 아니라 '이루'로 번역되어야 마땅하다는 것이다.

고등학교 교과서 역시 마찬가지다. 도대체 어째서 이런 이상한 일본어 표현이 통용되는 걸까?

이 구절은 예전에는 "我思ふ、故に我あり(나는 생각하노라. 고로 내가 있노라)"와 같은 식으로 문어체로 번역되었다. 문어체라면 이것은 이상한 표현이 아니다. 이 'あり(아리)'의 영향으로 구어체의 표현 역시 'ある(아루)'가 되었을 것으로 추측해볼 수 있다. 그러나 그렇다 해도 구어에는 구어만의 이른바 공시적共時的인 구조가 있다. 그렇기 때문에 그 안에 제멋대로 문어체를 뒤섞어서는 안 된다. 오늘날의 일본어 회화체에서는 '아루'와 '이루'를 분명하게 구별하여 사용하고 있다.

하지만 이 문어체의 영향보다도 더욱 중요한 것은 아마도 철학용어 '존재'의 영향일 것이다. je suis를 우선 '私は存在する(나는 존재한다)'로 번역하고, 그것을 더욱 쉬운 일본어인 '私はある(나는 있다)'로 바꾼 것이 아닐까?

한자 '존存'도 '재在'도, 그리고 '유有'도 뜻으로 읽어서 동사로 쓸 때는 전부 '아루'로 읽힌다.[4] 그리고 '存在する(존재

4) 일본의 한자는 음으로도 읽고 뜻으로도 읽는데, '存, 在, 有'가 '存る, 在る, 有る'와 같은 형태로 동사로 사용되었을 때는 모두 뜻으로 읽어 'ある'가 된다.

하다)'라는 단어도 사전에서 첫 번째 뜻이 '아루'로 나와 있다.

이것을 간단히 도식화해보기로 하자.

suis→存在する(존재하다)→ある(있다)

이 도식과 같은 화살표 방향으로 두 단계의 번역 과정을 거친 것이다. 역방향의 사고 작용은 없었다.

'아루'라고 하는 일견 평범해 보이는 일본어풍의 단어는 사실은 일상어의 문맥에 정해진 규칙에 따라 사용된 것이 아니라, 서구어에서 번역용 일본어로, 그 번역용 일본어를 다시 번역하는 경로를 거쳐 탄생한 것이다. 철학 전문가들은 겉으로 '아루'라고 말하면서도 머릿속에서는 suis와 같은 서구어와 그에 대한 번역어 '存在する(존재하다)'에 의해 사고 작용을 한다. '아루'로 사고를 하는 것이 아니다. 그렇기 때문에 '私はある(나는 있다)'라는 표현상의 오류가 간과되어온 것이다.

7. 일상어의 뜻을 버린 번역어

데카르트의 『방법서설』에는 앞에서 인용한 문장 바로 다음 부분에 je suis라는 말이 mon être(내 존재)로 바뀌고, 거기서 다시 Être parfait(완전한 존재, 즉 신)로 연결된다. 여기서는 suis의 명사형 être가 사고의 중심이 된다. être는 명사이면서 동시에 suis 등의 활용형에 대한 원형동사다. 따라서 명사 중심으로 생각하면서도 그것을 때로는 동사 표현으로 바꿔, 명사 표현과 동사 표현 사이를 자유로이 오간다.

이런 사정은 영어나 독일어에서도 별로 다르지 않다. I am의 am의 원형은 be로 동사이지만 명사형은 being이므로, 원래 같은 단어라는 것을 금세 알 수가 있다. 또한 Ich bin에서 bin의 원형동사는 sein이고, 명사형 역시 Sein이다.

한편 번역용 일본어 '存在する(존재하다)'는 동사이지만, '存在(존재)'는 명사이다. 이 두 단어의 어원 역시 같다는 것은 금세 알 수가 있다. 게다가 명사 '存在'가 먼저 있었고, 동사형은 거기에 'する(하다)'가 붙어서 만들어졌다. 명사 중심의 구성이라는 점에서는 서구어보다도 더 철저하다고

할 수 있다. 따라서 서구의 학술 용어에 대한 번역어로 적합한 셈이다. 사실은 오히려 번역에 적합하도록 오랜 기간에 걸쳐서 만들어진 구조를 갖고 있다고 해야 할 것이다.

그럼 일본의 고유어 '아루'나 '이루'는 어떤가? 앞에서 '아루'는 명사화하기 어려운 말이라고 했는데, '이루'의 경우도 역시 마찬가지다. 복합어를 만들어 구체적인 의미를 갖게 될 경우를 제외하고는 명사형으로 쓰이지 않는다.

요컨대 일본어 '아루'나 '이루'는 명사 표현에 적합하지 않다. 그렇기 때문에 한편으로 '存在する'처럼 명사적인 언어체계를 갖고 있는 말과는 상호보완 관계에 있다. 하나의 언어 구조로서 서로 구별하면서 상호보완 작용을 하는 셈이다.

이런 식으로 생각해보면, 일본인들이 서구의 철학 용어들을 주로 '존재'와 같은 두 글자의 한자어로 번역해온 데에는 충분한 이유가 있었다고 해야 할 것이다.

이런 식의 번역용 일본어는 확실히 편리했다. 편리하다는 것은 충분히 인정하지만 편리함의 이면에 존재하는 폐해를 간과해서는 안 된다고 나는 생각한다. 즉 번역에 적합한 한자 중심의 표현은 한편으로는 학문이나 사상 분야에서 번역에 적합하지 않은 순수 일본어로 된 일상어 표현을 내팽개치고 내동댕이쳐 왔다는 점을 간과해서는 안 된다는 것이다. 그렇기 때문에 일본의 철학은 일본인들의 일상 속에 살아 있는 의미와 괴리되어 있다. 이것은 지금으로부터 350년쯤 전에 라틴어가 아니라 굳이 프랑스어로 『방법서설』을 쓴 데카르트의 기본 자세와 상반되며, 나아가 소크라테스 이래의 서구철학의 기본 태도와도 상반된다.

제7장 자연(自然)
—번역어가 낳은 오해

1. 혼재하는 두 가지 뜻

이제까지 검토한 단어들은 전부 번역을 위해 에도막부 말기에서 메이지 이후에 처음으로 쓰인 것들이었다. 혹은 오래된 용례가 있다 할지라도 일단 그와는 별도로 서구어에 대한 번역어로 새롭게 탄생한 것들이었다.

'자연'이라는 단어 역시 근대 이후에 서구어 nature의 번역어로 쓰였다. 하지만 이것은 번역을 위한 신조어는 아니다. 『노자』와 같은 오래된 한문 서적에서도 용례를 찾아볼 수 있고 일본어에서도 불교 용어로 쓰였으니, 역사가 오래된 말이다. 또한 근대에 들어서 '자연'이 번역어로 쓰인 이후에도 동시에 그와는 별도로 많은 사람들이 지속적으로 써온 말이기도 하다. 말하자면 근대 이후 오늘날까지 '자연'이라는 단어에는 새로 탄생한 nature에 대한 번역어로서의 뜻과 오랜 전통을 가진 뜻이 공존해온 셈이다.

번역어 '자연'에는 우선 이처럼 원어(서구어)의 뜻과 모국어(일본어)의 뜻이 혼재한다는 데에 문제점이 있다. 여기서 중요한 것은 이렇게 혼재한다는 사실이 번역어 특유의 '효과'에 의해 은폐되어 있거나 혹은 이 단어의 사용자가 알 수 없게끔 숨겨져 있다는 점이다. 이질적인 두 뜻은 때로는 서로 논리적으로 심각한 모순을 일으키기도 한다. 그때는 번역어 '자연'이 그런 모순을 은폐하는 기능을 한다.

요컨대 번역어 '자연'에는 nature라는 원어의 뜻과 일본 고유어로서의 '자연'의 뜻이 혼재하며, 그 결과로서 단순히 두 뜻이 공존하는 것만이 아니라 제3의 의미라고 할 만한 번역어 특유의 효과까지 포함되어 있다. 이것은 이해하기가 쉽지 않은 내용이다. 따라서 실제 예를 통해 검토해가기로 하자.

2. 엇갈린 논쟁

'미'에 대해 언급하면서 소개한 바 있는 이와모토 요시하루와 모리 오가이가 주고받은 '문학과 자연' 논쟁을 '자연'을 중심으로 해서 검토해보기로 하자.

1889년 4월 『여학잡지』에 실린 이와모토 요시하루의 「문학과 자연文学と自然」이라는 논문의 취지를 요약하면, "최고의 문학은 자연 그대로 자연을 묘사할 수 있는 것이다"였다. 이에 대해 한 달 후에 『국민의 벗』에 모리 오가이의 「『문학과 자연』을 읽다文学ト自然ヲ読ム」라는 반론이 실렸다.

모리 오가이는 우선 '문학'에는 두 가지가 있다고 했다. 하나는 과학으로서의 문학, 다른 하나는 예술로서의 문학이다.

> 가령 『본초강목本草綱目』을 보라. 혹은 『코스모스』를 보라. 이것은 그야말로 '자연' 그대로 '자연'을 옮긴 것이라 할 수 있다. 가령 『논어』를 보라. 혹은 『순수이성비판』을 보라. 이것은 결코 '자연' 그대로 '자연'을 옮긴 것이라 할 수 없으며, 그저 단순히 '자연'을 옮긴 것 또한 아니다. 옮긴 것은 '자연Natur'이 아니라 '정신Geist'이다. 『여학잡지』의 기자는 '자연'만 알고 '정신'은 모르는 자인가?

즉 자연 그대로 자연을 옮기게 되면 『본초강목』이나 『코스모스』와 같은 자연과학에 속하는 작업이 되고 만다. 그에 반해서 철학이나 문학은 '자연'과는 다른 '정신Geist'을 옮기는 작업이라는 것이다. 여기서 분명한 것은 모리 오가이가 말하는 '자연'이란 오늘날 '자연과학'이라고 할 때의 '자연'이다. 요컨대 nature의 번역어로서의 '자연'인 것이다. nature는 당연히 객관적 존재로 인간의 '정신'과는 대립한다.

한편 이와모토 요시하루의 '자연'은 무엇인가? 이것은 일본에서 예로부터 쓰여온 의미를 지닌 '자연'이다. 간단히 말하면 '있는 그대로'라는 뜻이다. '있는 그대로'의 경지에는 외부의 객관세계와 내면의 정신 사이에 구분이 없다.

모리 오가이의 이런 비판에 대해 이와모토 요시하루는 『여학잡지』에 「국민의 벗 제50호에 실린 〈『문학과 자연』을 읽다〉를 삼가 읽노라」라는 제목의 반론을 썼다. 이 글에서 그는 우선 "이른바 자연이라는 것을 나투르Natur와 완전히 동일시해도 좋다"라고 한 다음, "내가 말한 자연에는 본래 자연의 정신이 포함되어 있다"라는 말을 한다. 그런 다음 이어서 이렇게 말한다.

> 가장 아름다운 미문학美文學은 대부분 자연 그대로 자연을 옮기지 않는다는 말인가? 그렇다면 무엇에 의거하여 옮기는가? 사람의 이상은 자연에서 비롯했으며, 혹은 자연에 의해서 발달한다. 사람의 취향은 자연을 따르거나, 혹은 자연의 가르침을 받는다. 자연을 따르지 않는

작가는 그저 교만한 문학미술자文學美術者라고나 할까?

여기서 '미문학'은 오늘날의 '문학'을, '문학미술자'는 오늘날의 '문학자'를 의미한다.

그러나 이런 이와모토 요시하루의 주장에는 무리가 있다. 무엇보다도 "자연이라는 것을 나투르Natur와 완전히 동일시해도 좋다"라고 하면서 동시에 '자연'이 "자연의 정신을 포함한다"라고 하고, 한편으로는 "사람의 이상은 자연에서 비롯했다"고 하는 그의 주장은 논리가 맞지 않는다. '나투르', 즉 모리 오가이가 말하는 독일어 Natur를 받아들인 이상은 이 '자연'이라는 번역어는 '정신'과는 대립한다. 여기서 이와모토 요시하루가 말하는 '자연'에는 '나투르' 즉 nature의 의미와 일본에서 예로부터 쓰여온 '자연'의 의미가 섞여 있다. nature에 대한 번역어 '자연'은 '정신'을 포함하지 않지만 순수 일본어 '자연'은 '정신'을 포함할 수 있으므로, 결국 그의 주장에는 모순이 발생할 수밖에 없다.

얼마 후에 모리 오가이는 「다시금 자연숭배자에게 묻노라再び自然崇拝者に質す」를 『국민의 벗』에 실어 재반론을 편

다. 이 글에서 모리 오가이는 이와모토 요시하루가 말하는 '자연미Das Naturschöne'라는 것에 대해 "자연의 미는 먼지를 포함하고 있다. 이것을 불태워 술미術美(Das Kunstschöne)로 만드는 것은 시인이나 조각가 등의 능력이다. 먼지를 포함한 자연 그대로의 자연은 절대로 미라고 할 수 없다"라고 말한다. '자연'은 '정신'과 대립하듯이 Kunst(인위)와도 대립하는 것이며, 문학은 이 인위적인 미, 모리 오가이가 사용한 번역어로 바꾸면 '술미'를 지향하는 것이다.

논쟁은 그 후로도 계속되는데, 모리 오가이의 논지는 일관성이 있는 데 비해서 이와모토 요시하루의 논리는 오락가락한다. 두 사람의 논쟁에서 이와모토 요시하루는 '자연'을 기본적으로 일본에서 예로부터 쓰이던 뜻으로 사용하고, 모리 오가이는 '자연'을 nature와 같은 뜻으로 사용했다. 그리고 여기서 중요한 것은 그런 사실을 두 사람 다 전혀 알아차리지 못했다는 점이다. 이 논쟁에서 승자는 없었다. 단지 단어의 의미를 둘러싸고 서로 견해가 엇갈렸을 따름이다.

3. nature와 '자연'의 의미 비교

오늘날 우리가 쓰는 단어 '자연'의 뜻을 사전에서 조사해보기로 하자. 『광사원』(1976)에는 다음과 같이 설명되어 있다.

> ①저절로 그렇게 된 모습. 천연 그대로로 인위적인 것이 가해지지 않은 모습. (부사적인 용법도 있음) ……②(nature : 영국, 프랑스) ㉠인공 · 인위로 이뤄진 것으로서의 문화에 대하여 인력에 의해 변경 · 형성 · 규정(規整)되지 않고 저절로 생성 · 전개에 의해 이뤄진 상태. ……㉣정신적이 아닌 외적 경험 대상의 총체. 즉 물체계 및 물체계의 여러 현상.

여기서 ①이 일본어 고유의 뜻이고, ②가 번역어 '자연'의 뜻이다.

또한 『대한화사전』(1958)에는 다음과 같이 나와 있다.

> ①인위를 가하지 않은 것을 뜻함. 천연. 본래 그대로. 저절로. [노자]人法地, 地法天, 天法道, 道法自然. ……

노자의 이 유명한 문구, 즉 "사람은 땅을 따르고, 땅은 하늘을 따르며, 하늘은 도를 따르고, 도는 자연을 따른다"라는 문구에서 '자연'이란 『대한화사전』에 나와 있듯이 '저절로'라는 뜻이며, 이것은 곧 『광사원』에 나와 있듯이 오늘날 우리가 쓰는 '자연'의 전통적인 의미와도 거의 같다.

그런데 역사가 오랜 단어 '자연'과 nature의 뜻에는 공통점이 있다. 『광사원』의 뜻 ①과 ②를 비교해보면 알 수 있듯이 둘 다 '인위'라는 것과 대립한다. 이런 점에서 보면 '자연'을 nature의 번역어로 쓴 것은 적절했다고 할 수 있다.

그러나 이 양자의 차이에도 주목했어야만 한다. 우선 예로부터 쓰인 단어 '자연'은 인위와 대립하는 것으로 결코 양립하지 않는다. '자연'스럽다는 것은 곧 인위적이 아님을 뜻한다. 한편 nature는 인위, 즉 art나 Kunst와 대립하면서도 양립한다. 양립한다기보다 상호보완적이라는 표현이 더 적합할 것이다. nature의 세계는 art의 세계와 대립하면서 상호보완하는 관계에 있다. 모리 오가이가 말하는 '문학'은 이 인위art의 세계에 속한다. 하지만 또한 이와모토 요시하루가 말하듯이 문학은 인위를 탈피한 '자연'의 경지를 이상으로 삼는다고도 할 수 있다.

이런 점에서 볼 때 nature는 객체에 속하면서 인위와 같은 주체와 대립하지만, 전통적인 의미의 '자연'은 주체와 객체의 대립을 제거한 듯한, 이른바 주객미분, 주객합일의 세계라고 할 수 있다.

또한 일본어에서는 본래 '자연'은 '자연히'와 같은 부사로 사용되거나 '자연스런'과 같은 형용사로 사용되는 경우가 많은 데 비해, nature는 명사라는 차이가 있다. 이 점 역시 중요하다.

4. '자연'은 명사가 아니었다

nature의 번역의 역사를 살펴보기로 하자.

nature가 '자연'으로 번역된 역사는 오래됐다. 『하루마화해』(1796)에서는 네덜란드어 natuur가 우선 '자연'으로 나와 있다. 그 다음에 『하루마화해』를 계승한 『두프하루마ドゥーフ・ハルマ』(1833)에서는 natuur의 번역어에서 '자연'이 빠졌다.

이어서 이 『두프하루마』를 계승한 『화란자휘』(1855~1858)에는 역시 natuur의 번역어에 '자연'이 나와 있지 않지만,

natuur의 형용사이자 부사형인 natuurlijk 항을 보면, '생득生得의, 또는 자연 그대로의, 만물의 이치가 드러난, 자연히 알게 되는, 자연 그대로인, 자연의' 등과 같이 번역어로서 '자연'이라는 말이 나온다.

『화란자휘』의 필자 가쓰라가와 호슈桂川甫周(1751~1809)는 문법상으로 품사를 잘 구분해서 단어를 썼다. 가령 『하루마화해』에서는 natuur의 번역어 중 하나로 '손상되다, 시들다'와 같은 동사가 나오는가 하면, 『두프하루마』에서도 '몹시 때가 묻은'과 같은 표현이 나온다. 명사에 대한 번역어로서는 적절하지 않은 셈이다. 『화란자휘』에는 '몹시 때가 묻은 마음 상태'와 같이 명사 형태를 취하고 있다. 따라서 이 사전에서 '자연'이 명사 natuur가 아니라 natuurlijk의 번역어에 나오는 것은 의식적인 구분에 의한 것이라고 할 수 있다.

이런 식의 번역은 영학英學[1]의 시대에 들어선 이후에도 잠시 계속되었다.

『영화대역수진도서』(1862)에서는 natural 항은 '자연의,

1) 네덜란드어 서적을 통해 서양 학술을 연구하던 난학에 대비되는 개념으로, 영어 및 영어권의 학문 연구를 의미한다. 영학의 시대는 에도막부 말기부터 시작되었다.

천조天造의' 등으로 나와 있는 데 비해, nature 항은 '천지만물. 우주. 본체. 조물자. 성질. 천지자연의 도리. 품종'으로 나와 있다. '자연'이라는 단어가 살짝 모습을 보이긴 하지만, '천지자연'이란 '천지가 저절로 그러한'이라는 뜻으로, 여기서 '자연'은 명사가 아니다. 한문에서 천지라는 주어에 대한 술어의 기능을 가진 형용사에 해당한다.

헵번의 『화영어림집성』(1867)에는 '자연', 즉 SHIZEN 항은 없지만, '천연'에 대해서는 다음과 같이 나와 있다('自然'은 일본어로 '시젠', '天然'은 일본어로 '텐넨'으로 읽는다-역주).

> TEN-NEN 천연 Natural, produced or effected by nature, of itself, spontaneous: Syn. SHIZEN

여기서도 역시 '자연'은 형용사에 해당한다.

nature의 번역어로 '자연'을 사용하면서 그 '자연'을 확실한 명사로 다룬 최초의 예는 아마도 『불어명요』(1864)일 것이다.

> nature, n. 자연, 성질

naturel, -elle, adj. 자연의, 태어난 그대로의

그러나 이것은 오히려 예외적인 경우로, nature에 대한 번역의 영향을 받아 '자연'이 명사로 쓰이게 된 것은 메이지 20년, 즉 1887년 이후의 일이다.

이런 사실은 오히려 한자나 일본어를 중심으로 한 사전을 살펴보면 잘 알 수가 있다. 가령 1888년에 나온 다카하시 고로高橋五郎의 『한영대조이로하사전漢英対照いろは辞典』의 경우를 보기로 하자.

자연(형용사, 부사) 自然, 스스로, 저절로, Natural, Naturally

이것을 보면 '자연'이라는 단어를 당시 사람들이 어떻게 받아들였는지를 잘 알 수가 있을 것이다.

그러나 1891년에 나온 오쓰키 후미히코大槻文彦의 『언해言海』에는 '자연'이 다음과 같이 설명되어 있다.

자연(명사) 自然 저절로 그렇게 되는 것. 천연

자연히(부사) 自然 저절로. 천연적으로

또한 1894년에 나온 모즈메 다카미物集高見의 『일본대사림日本大辭林』에는 다음과 같이 나와 있다.

자연(명사) 自然. 자연히. 저절로. 스스로

여기서 주목할 것은 '자연'이 명사로 규정되어 있으면서도 그 뜻은 '저절로'와 같이 부사적으로 설명되어 있다는 점이다. 이것은 '자연'이 명사로 자리 잡아가던 초기의 불안정한 모습이 반영되어 있는 것으로 볼 수 있다.

이것을 통해 우리는 이 무렵에 '자연'이 nature의 번역어가 됨으로써 명사로 쓰이는 변화가 일어났음을 확인할 수가 있다.

5. '자연'이 활발히 쓰인 세 분야

번역어 '자연'의 용법에서 특히 주목할 것은 다음의 세 분야에서의 용법이었다. 즉 '자연법'이라는 법률상의 용법, '자연과학'과 같은 과학 분야에서의 용법, 그리고 '자연주의'와 같은 문학 분야에서의 용법이다.

이 중에서 '자연법'이라는 용어가 가장 먼저 정착된 것으로 보인다. natural law는 에도막부 말기부터 메이지 초기까지는 '성법性法' 혹은 '천율天律' 등으로 번역되었다. nature가 '성性' 혹은 '천天'에 해당하는 셈이다. 1881년에 『성법강의초性法講義抄』라는 제목으로 부아소나드[2)]의 강의록이 출판되었다. 강의 자체는 1874년에 이루어진 것이지만 훗날 사법성司法省 법학교의 이노우에 미사오井上操가 정리한 것이다. 여기에는 '성법'과 나란히 '자연법'이라는 용어도 이따금 등장해, 적어도 이 책이 나온 당시에 '성법'을 대신해서 '자연법'이라는 표현이 차차 쓰이기 시작했음을 알 수가 있다.

문학 용어 '자연주의'에 대해서는 나중에 언급하기로 하고, 먼저 과학 용어 '자연'의 경우를 보기로 하자. '자연'이 명확한 의미로 과학 분야에 등장한 최초의 경우는 앞에서 거론한 모리 오가이의 「『문학과 자연』을 읽다」일 것이다.

---

2) Gustave Emile Boissonade de Fontarabie: 1825~1910. 프랑스의 법학자이자 교육자. 메이지 초기에 일본에 초청되어 일본 국내법의 정리에 커다란 공헌을 하여 '일본 근대법의 아버지'로 불린다.

스스로가 '자연'과학자이기도 했던 모리 오가이가 과학의 대상인 nature를 분명하게 '자연'으로 번역한 것이다.

그 이전에 '자연'과학 분야에서는 nature의 번역어로 '천', '천연', '천지', '만물' 등을 쓰는 것이 일반적이었다. 가령 1886년에 당시의 대표적인 '자연'과학자 이시카와 지요마쓰石川千代松가 쓴 『백공개원百工開源』의 「서언緒言」에 「Nature and Art」가 '천조天造와 인공'으로 번역되어 있는 식이다.

6. '자연도태'는 '저절로 이루어지는 도태'를 의미했다

메이지 10년대(1877~1886) 무렵부터 '자연과학' 용어인 '자연도태'라는 말이 자주 쓰여 사상계에서 유행어가 되기도 했다.

'자연도태'는 물론 natural selection의 번역어로, 다윈 진화론의 키워드이다. 이 단어는 가토 히로유키가 『인권신설人權新說』(1882)에서 사회와 역사를 분석하는 개념으로 써서 유행의 계기를 마련했다.

그러면 이 '자연도태'에서 '자연'은 과연 무슨 뜻이었을까? 결론을 먼저 말하면, 이 '자연'에는 nature란 뜻은 거의 없었다. 오히려 일본어 고유의 '자연'의 의미, 즉 '저절로' 이루어지는 도태라는 뜻으로 이해되었다. 좀 더 정확히 말하면, 앞에서 서술한 제3의 의미를 갖는 단어로서의 번역어 '자연'이었다. 즉 그 뜻은 명확하지 않아도 번역어 특유의 '효과'에 의해 어떤 중요한 뜻이 있는 것처럼 여겨지는 단어로 쓰인 것이다.

1883년에 모스Edward Sylvester Morse가 구술한 내용을 이시카와 지요마쓰가 번역해서 출판한 『동물진화론動物進化論』의 목차에 「인위도태, 자연도태의 개념人為淘汰artificial selection, 自然淘汰natural selection ノ證說」이라는 표현이 나온다. 그런데 본문 첫머리는 다음과 같은 문장으로 시작된다.

> 천지 우주 사이에 삼라만상이나 무수한 사물을 연구함에 있어 최우선시해야 할 것은 논리이니라.

여기에서 '천지 우주 사이에 삼라만상이나 무수한 사물'이란 nature에 대응하는 표현이다. 이런 표현은 있어도 nature에 대응하는 의미의 '자연'이라는 단어가 문장 중에 나오는 경우는 없다. 즉 '자연도태'의 '자연'은 nature에 대응하지 않고 natural에만 대응하는 번역어였던 것이다. 비슷한 용법은 당시의 다른 용례에서도 발견할 수가 있다.

이 무렵 일본어 '자연'은 natural science의 대상인 nature의 의미를 갖고 있지 않았다. '자연도태'란 '자연'에 의한 '도태'가 아니라, '자연스런' '도태'를 의미했다.

그런데 가토 히로유키는 『인권신설』에서 다윈의 진화론을 빌려 사회 · 역사에서의 '우승열패優勝劣敗'를 주장했다. 메이지유신 이래 사상계를 주도해온 진보파의 리더 격이었던 가토 히로유키가 이 저서에 의해 메이지 국가체제에 대한 대변자로 돌변했다, '상등평민上等平民'이라는 사회의 '우자優者'가 '열자劣者'인 다수 인민을 지도하고 지배하는 이론적인 근거를 마련한 것이다. 도쿄대학을 대표하는 가토 히로유키의 이런 주장은 당시의 체제파에게 힘을 실어주었고, 민권파를 분개하게 했다. 그의 이론에서 '자연도태'라는 단어는 가장 중요한 역할을 했다고 볼 수 있다.

가토 히로유키는 이 책에서 '자연도태'에 이어서 '인위도태'에 대해 언급하며, "자연도태와 별반 다를 바가 없다. 그렇기 때문에 다윈은 이에 대해 인위도태라고 한 것이다"라고 말한다. 나아가 다음과 같이 말했다.

> 우자優者는 항상 싸움에서 이겨 열자劣者를 쓰러뜨린다. (무심하다고는 하지만) 따라서 오로지 우자만 살아남고, 더불어서 우자만 자손을 번식할 수 있는데, 이는 영구불변의 자연규율, 즉 만물법萬物法 중의 하나의 대법칙이라고 해야 할 것이다.

그리고 이 '만물법'에 대해서 작은 글씨로 이런 주석을 달았다.

> 우주 만물을 제어하는 영구불변의 자연의 대법칙으로, 대개 만물의 생멸소장生滅消長……우리 인간의 심성心性의 작용 및 사회의 존속에 이르기까지 하나같이 이 대법칙의 제어를 받지 않는 것이 없다.

여기에는 '자연'이라는 단어가 세 차례 쓰였다. '자연도태', '자연규율', '자연의 대법칙', 이렇게 세 단어를 중심으로 논지를 요약해보자. 우선, '자연도태'와 같은 역할을 하는 단어로 '인위도태'가 있다. 이것은 '영구불변의 자연규율'이며, '만물법'이자, 결국 영구불변의 자연의 '대법칙'이다. 따라서 '우리 인간의 심성의 작용 및 사회의 존속'도 이것의 '제어'를 받는다는 것이다.

이런 식으로 문맥이 이어지는 세 종류의 '자연'은 같은 의미로 쓰였을 것이다. 이 중에서 '자연규율'과 '자연의 대법칙'은 nature는 물론이고 '심성'이나 '사회'도 지배한다. 그러면 '자연도태'란 필자에게 어떤 의미였을까? 이 '자연'은 앞에서 말했듯이 nature의 의미가 아니다. 따라서 nature에만 관계되는 '도태'가 아닌 셈이다. 게다가 이것은 세계적으로 저명한 '다윈'이 주장한 학설에서 가져온 용어가 아닌가?

여기서 이 '자연'이라는 말에 번역어 특유의, 이른바 '카세트 효과'가 작용하고 있다고 할 수 있다. 분명한 의미는 잘 모르겠지만 뭔가 중요한 의미가 담겨 있을 것만 같은 것이다. 그런 단어로부터 심오한 의미가 연역적으로 도출되어 논리를 이끌어가는 식이다.

지금부터 1세기 전에 쓰인 이 논문은 오늘날의 우리가 보면 논리가 무척 거칠게 느껴진다. 그러나 이 논문에 쓰인 번역어를 중심으로 한 논리 구조는 그런 만큼 더욱 명료해지는 셈이다.

7. 의미의 혼재를 알아차리기는 어렵다

문학 용어 naturalism을 처음으로 '자연'이라는 단어를 써서 일본에 소개한 이는 역시 모리 오가이였다. 앞서 언급한 '문학과 자연' 논쟁이 있었던 바로 그 해, 즉 1889년 1월, 그는 「요미우리신문讀売新聞」에 다음과 같이 서술했다.

> '졸라'는 프랑스 '프로방스' 사람으로 요즘의 이른바 자연파('내추럴리즘')

그로부터 20년쯤 지난 후에 naturalism은 '자연주의'로서 일본 문학을 주도하는 사상이 되어 수많은 소설을 탄생시켰으며, 이윽고 일본 문단의 주류가 되기도 했다.

일본의 '자연주의'에 대해서는 이미 많은 의견과 비판이 있다. 특히 naturalism은 그 대표자 격인 졸라가 '자연'과학자 클로드 베르나르의 『실험의학서설』의 영향을 받아 '자연'과학의 방법을 모방해 소설을 묘사하고자 한 방법을 의미했으나, 일본의 '자연주의'는 졸라의 그런 의도를 이해하지 못했거나 오해했다는 것이다. 그 대표적인 비판자인 나카무라 미쓰오中村光夫의 견해를 살펴보기로 하자. 나카무라 미쓰오는 '자연주의'의 탄생에 주도적인 역할을 한 다야마 가타이田山花袋가 "자연을 자연 그대로 쓴다"라고 한 말을 비판하며 다음과 같은 견해를 폈다.

> 다야마 가타이는 여기서, ……소재의 이상화를 배격한다는 구실 하에 현실과 표현의 세계 사이의 차이를 말살하려 하는 게 분명합니다. 이른바 이런 무의식적인 속임수의 도구로 쓰이고 있는 것이 바로 자연이라는 관념입니다. 자연이 작가가 의도하기만 하면 곧바로 '그대로' 포착되는 것이라면 실생활과 그에 대한 표현의 구별도 사라질 테니까요. ……
>
> 다야마 가타이는 이런 살아 있는 자연(모리 오가이가 말하는 실감의 세계)과 작품에 묘사된 자연을 혼동하여 작가의 고백(혹은 실감의 토로)으로 무리하게 통일시켰는데, 이것은 일본 문학에 많은 혼란을 야기한 치명적인 오류였다고 나는 생각합니다. (『언어의 예술言葉の芸術』 고단사講談社, 1965)

이 비판은 앞서 언급한 이와모토 요시하루에 대한 모리 오가이의 비판을 연상시킨다. 이와모토 요시하루가 "최고의 문학은 자연 그대로 자연을 묘사할 수 있는 것이다"라고 말한 것처럼, 다야마 가타이는 "자연을 자연 그대로 쓴다"라고 했다. 그리고 모리 오가이가 "자연 그대로의 자연은 미가 아니다"라고 비판한 것처럼, 나카무라 미쓰오는 '살아 있는 자연'과 '작품에 묘사된 자연'을 혼동한 다야마 가타이를 비판하고 있는 것이다.

그리고 다야마 가타이의 '자연'은 이와모토 요시하루의 경우와 마찬가지로 본래 일본어에서 쓰이던 의미의 '자연'이다. 나카무라 미쓰오의 '자연'은 모리 오가이와 마찬가지로 nature의 번역어로서의 의미다. 그리고 이와모토 요시하루가 "자연이라는 것을 natuur(나투르)와 동일시해도 좋다"라고 말하면서도 본래 일본어 '자연'이 갖고 있던 전통적인 의미를 고집했듯이, 다야마 가타이 역시 에밀 졸라 등의 naturalism의 영향을 받았음을 자각하면서도 실제로는 일본적인 '자연'주의로 굴절시켜 받아들인 것이다. 이와모토 요시하루가 모리 오가이의 비판에 난처해했던 것처럼, 다야마 가타이 역시 나카무라 미쓰오의 이런 비판을

견디기가 힘들었을 것으로 추정된다.

그러나 여기서도 나는 같은 말을 반복하지 않을 수 없다. 다야마 가타이와 나카무라 미쓰오의 대립도 결국 말의 의미의 어긋남에서 비롯한 것이다. 즉 그 정도로 하나의 번역어를 둘러싼 전통적인 모국어의 뜻과 번역어에 대한 원어의 뜻이 혼재하는 현상을 사람들이 알아차리기는 어렵다.

한 단어에 대해 단 하나의 뜻이 처음에 있어, 그것을 서구에서는 nature라고 하고, 일본에서는 '자연'이라고 하는 것이 아니다. 이런 단순명쾌한 사실을 이해하기가 의외로 쉽지 않다. 특히 일본의 지식인에게는 더욱더 그런 것 같다.

'자연'이란 nature라는 단어가 일본에 들어오기 전에 이미 쓰이던 일본어였다. '자연'이 nature의 번역어로 쓰여서 nature와 같은 의미를 갖게 된 것이 아니다. 학자나 지식인이 말의 의미를 어떻게 정하든, 단순한 기호가 아니라 현실 속에 살아 있는 말인 이상 소수의 사람들이 그 의미를 정할 수 있는 것이 아니다. 또한 이와모토 요시하루나 다야마 가타이가 의식적으로는 nature와 같다고 생각하면서도 '자연'의 전통적인 의미를 바꾸고 싶어했던 것처럼, 말의 의미는 그것을 쓰는 사람의 의식도 초월하는 하나의 사실이다.

8. 일본어 '자연'의 의미 변화

'자연주의'란 naturalism과 같은 뜻의 말이 아니었다. 그러면 이 '자연주의'의 '자연'은 일본어의 전통적인 의미를 그대로 갖고 있었던 걸까? 아마 그렇지는 않을 거라고 나는 생각한다.

생각해보면 "자연 그대로 자연을 쓴다"라는 것도 모순된 말이다. 전통적인 의미의 '자연'은 의식적이지 않은 데 비해서 '쓴다'는 것은 지극히 의식적인 행위이기 때문이다. '자연주의' 역시 모순된 용어이다. '주의'란 애써 주장하고 행하는 것으로 '자연'과는 정반대의 태도이기 때문이다.

그리고 여기서 중요한 것은 이런 모순을 통해 전통적인 '자연'의 의미도 변화했다는 점이다.

다야마 가타이는 『가타이 문담花袋文話』(1911)에서 이렇게 기술했다.

자신의 내면 역시 하나의 자연이다. 타자인 우주가 자연인 것과 마찬가지로 자기 자신도 하나의 자연인 셈이다. 그리고 동일한 법칙과 동일한 리듬이 마찬가지로 자타에 공통적으로 흐른다고 할 수 있다.

당시의 '자연주의' 논객들도 이구동성으로 같은 주장을 했다. 가령 시마무라 호게쓰는「지금의 문단과 자연주의今の文壇と自然主義」(1907)에서 다음과 같은 말을 했다.

사상事象에서 물아物我의 합체를 본다. 그 경우 자연은 그 전모를 사상 속에서 전개한다. 그 사상은 차가운 현실 객관의 사상이 아니라 영혼의 눈을 뜨게 하고 생명의 기회를 일깨우는 찰나의 사실이다. ……

무념무상 후의 나의 감정과 나의 생명은 사상과 합체를 이뤄 살아 있는 자연과 새로운 모습의 자연을 만들어 간다. 물아가 융합하여 자연의 전모를 드러냈다고 함은 곧 이를 이른다.

"자타에 공통적으로 흐른다"거나 "물아가 융합하여" 등으로 언급되는 '자연'은 물론 nature가 아니라 전통적인 의미의 '자연'에 해당한다. 그러나 그것이 전통적인 의미의 '자연'과 완전히 일치하는 것은 아니다. '자연'은 '아我', 즉 '나'에 대해 대상화된다. 그 반대편에 '자연'에 대해 대상화되는 '아'가 있다.

그러나 그렇게 해서 발견된 '아'는 주체로서의 입장을 관철하지 않는다. 발견됨과 동시에 '자타'는 하나가 되고 '융합'하려 한다. '자타'가 대립하는 존재를 발견하고, 이어서 '자타'가 하나로 돌아가는 운동, 그것이 바로 '자연'이며, 그리하여 전통적인 '자연'의 의미를 되찾게 된다.

'자연'은 nature의 번역어가 되었다고 해서 곧바로 nature의 의미를 그대로 갖게 되는 것은 아니다. '자연'은 번역어가 됨으로써 우선 nature와 비슷한 어법으로 쓰이게 되었다.

논리학 용어로 말하면 내포적인 의미는 그대로 갖고 있으면서, 외연적으로는 마치 nature인 것처럼 취급되었다. 즉 대상 세계를 표현하는 말처럼 취급된 것이다.

이것은 의미상으로는 모순이다. 이런 모순으로 인해 '자연'이라는 말을 쓰는 사람은 모순을 덮어버릴 만한 새로운 의미를 찾게 된다. 이렇게 해서 애써 의식적으로 '자연'이려고 하여 '자타'가 '융합'한다. 그럼으로써 '자연'의 의미가 회복되고, 동시에 새로운 의미를 낳게 된다.

제8장 권리(權利)
—권리의 '권', 권력의 '권'

1. right는 번역하기 어려운 말이었다

오늘날 '권리'로 번역되는 right는 난학蘭學의 시대에도 영학英學의 시대에도 번역하기 어려운 단어였던 것 같다. 번역하기 어려웠다기보다도 무척 이해하기 어려운 단어였던 것으로 생각된다.

1862년에 발간되어 메이지 초기에 널리 쓰인 『영화대역수진사서』에는 right의 번역어로 '올곧음, 재판하는 법, 오른쪽'만이 제시되어 있다. 여기에는 오늘날의 '권리'와 같은 의미는 포함되어 있지 않다. 1864년의 『불어명요』에도 droit(영어 right에 해당하는 프랑스어-역주)의 번역어는 '법령, 율령, 정치과科'로만 나와 있다.

『화란자휘』(1855~1858)는 아마도 이 단어(네덜란드어로는 regt)의 의미를 어쨌든 제대로 된 일본어로 표현한 최초의 사전일 것이다. regt(지금의 네덜란드어 recht에 해당. regt는 19세기까지 쓰였다-역주)의 번역어로 '정치 또는 법률, 국법, 재판소, 재판 방법, 공사公事, 똑바름, 진정한, 정면으로, 그대로임' 등의 단어가 나열되어 있다. 이중에는 오늘날 쓰이는 '권리'의 의미는 없다. 하지만 '공사公事'와 '똑바름' 사이에 regt에 대한 번역어를 대신해서 als(네덜란드어로 '다음과 같다'라는 뜻)라는 표기와 함께 몇 가지 용례가 제시되어 있다. 그중에 다음과 같은 예문이 나온다.

Ergens regt toe hebben of toegeregtigd zijn.
어떤 일에 중심이 되는 도리가 있다.

여기서 '중심이 되는 도리'가 regt의 번역어에 해당하는 셈으로, 저자 가쓰라가와 호슈는 아마도 자신이 별로 없었는지 regt의 직접적인 번역어를 사용하지는 않았으나, 이것은 regt의 의미를 상당히 잘 반영한 번역어다. 이 '도리'라는 말은 훗날 '권리'에 상당하는 번역어로 계승된다.

쓰다 신이치로津田真一郎는 니시 아마네와 함께 네덜란드에서 유학할 때, '본분本分'이라는 번역어를 썼다. 1862년 라이덴대학에서 피세링 교수에게 배울 때, 그가 준 메모를 쓰다 신이치로가 번역한 것이 남아 있는데, 그 가운데 다음과 같은 내용이 있다.

천연天然의 본분本分	natuurregt
백성의 본분	volkenregt

여기서 natuurregt는 곧 오늘날의 '자연법'을 말한다. regt에는 영어 right의 뜻 외에 '법률'이라는 뜻도 있다. 이것을 아마도 오해해서 영어로 말하면 natural right(자연권)와 같은 뜻으로 받아들여, '천연의 본분'으로 번역한 것으로 보인다. 그리고 volkenregt 역시 사실은 오늘날의 '국제법'에 해당하는 단어인데, volken을 '백성'으로 오해하고, 그 다음에 이어지는 regt를 오늘날의 '권리'의 뜻으로 받아들여 '백성의 본분'으로 번역한 듯하다. '본분'이란 오늘날의 '권리' 혹은 '의무'로 받아들일 수 있는 어감의 단어로, 이것을 통해 우리는 오히려 regt가 얼마나 번역하기 어려운 말이었는지를 실감할 수 있다.

2. 후쿠자와 유키치의 '통의(通義)'라는 번역어

후쿠자와 유키치는 right가 liberty와 마찬가지로 매우 중요한 말이면서 또한 번역하기 어려운 말이라는 것을 통감했다. 1870년에 나온 『서양사정 2편西洋事情二編』에서 이렇게 기술하고 있다.

'라이트'란 원래 정직이라는 뜻이다. 한인漢人도 번역할 때 '정正'이라는 글자를 쓰고, 또한 '비非'에 반대되는 말로서 시비是非 대신으로 쓰기도 했다. 정리正理에 따라 인간의 직분職分을 다하고 사곡邪曲이 없다는 뜻이다.

또한 이런 의미에서 변화해 추구해야 할 이치라는 뜻으로 쓰이기도 한다. 한자로 번역하면 달의達義, 통의通義 등의 글자를 썼으나 정확히 번역하기는 어렵다. 본래 추구해야 할 이치란 촉구해야 하는 것, 혹은 당연히 추구해야 하는 것이라는 뜻이다. 예를 들어 지당한 직분 없이는 추구해야 할 통의도 없다는 말이다. 즉 스스로 해야 할 일을 하지 않고 타인을 향해 요구하고 촉구할 수는 없음을 뜻한다.

그리고 어떤 일을 해야 할 권權이라는 뜻이 있다. 즉 죄인을 체포하는 것은 시민 경찰의 권이다.

또한 당연히 소지해야 하는 것이라는 뜻이 있다. 즉 사유私有의 통의라고 하면 사유하는 어떤 것을 소지하게 되는 통의를 의미한다. 도리를 벗어난 것에 대해서는 내 통의가 없다고 함은 곧 도리에 맞지 않는 것을 취할 리가 없다는 뜻이다. 인생의 자유가 통의라고 함은 곧 사람은 태어나면서부터 독립된 존재로 자유분방하여 속박을 받을 까닭이 없으며, 자유로워야 하는 도리를 지닌다는 뜻이다.

이 설명의 요점을 사전의 표기법에 따라서 명사 형태만을 골라 나열해보면, '정직正直, 정正, 시是, 정리正理, 이理, 달의達意, 통의通義, 당연當然, 권權, 도리道理' 등이 된다. 언뜻 봐도 도덕적으로 올바르다는 뜻을 가진 단어들이 나열되어 있음을 알 수 있다. 본래 right라는 단어도 도덕적으로 올바르다는 뜻을 갖고 있다.

후쿠자와 유키치는 특히 초기 저서에서 right에 대해 반복적으로 설명하고 있다.

> 예를 들어 번역서 중에 종종 자유liberty, 통의right라는 말을 쓰는 경우가 많다고 하는데, 사실은 이런 단어들로 원어의 뜻을 완벽하게 표현하기란 어려운 일이다.

번역어의 한계에 대해서는 동시대 다른 지식인들도 종종 언급했다. 그러나 사상의 도구로서의 언어에 대한 후쿠자와 유키치의 예리한 감각은 타의 추종을 불허한다.

머지않아 번역어가 원어의 뜻을 제대로 표현할 수 있다

는 인식이 확산되는 시대가 왔다. right를 '권리'로 번역했을 때, 이 '권리'가 right와 같은 의미를 지닌 것으로 받아들여진 것이다.

물론 정색을 하고 번역어가 원어의 뜻을 완벽하게 표현할 수 있느냐고 물으면 부정하는 사람도 적지 않을 것이다. 하지만 말이 현실에서 쓰이는 과정은 사용자의 의식을 넘어서서 이루어진다. 즉 번역어를 포함한 단어의 구조가 우리에게 자극을 주고 우리의 의식을 조종하여, 번역어가 원어의 뜻을 완벽하게 표현하고 있는 것처럼 받아들이게끔 하는 것이다.

3. 헵번의 번역어

1867년에 나온 헵번의 일본어-영어 사전 『화영어림집성』의 right 항은 이렇게 기술되어 있다.

RIGHT n. Dori ; michi ; ri ; gi ; zen ; suji ; hadz ; beki

즉 Dori는 '도리道理', michi는 '도道', ri는 '이理', gi는 '의

義', zen은 '선善', suji는 '사리事理', hadz는 '(당연히 ~할) 터', beki는 '~해야 하는'을 각기 뜻한다. 여기서 오늘날의 '권리'에 대응하는 번역어는 어느 것일까?

명사 right에는 크게 나누면 도덕적인 올바름, 오른쪽, 그리고 '권리'의 세 가지 의미가 있다. 거기에 덧붙여서 네덜란드어 regt나 프랑스어 droit에는 영어의 right에는 없는 '법률'이라는 의미도 있다.

『화영어림집성』의 저자 헵번은 동시대의 많은 일본인 영학자들과는 달리 영어 right의 뜻 가운데 '권리'에 해당하는 뜻의 중요성을 잘 알고 있었던 것 같다. 따라서 오늘날 쓰이는 '권리'의 뜻이 이 책에서 탄생했다고도 할 수 있다.

그러면 이 번역어들 중에서 어느 것이 도덕적 올바름에 해당하고, 어느 것이 오늘날의 '권리'에 해당하는 걸까? 일단 '도리道理, 도道, 이理, 의義, 선善'까지의 처음 다섯 가지가 전자에 해당하고, '사리事理, (당연히 ~할) 터, ~해야 하는'의 세 가지가 후자에 해당한다는 구분이 가능할 것처럼 보인다. 하지만 과연 그럴까?

비슷한 시기에 후쿠자와 유키치는 '통의'라는 단어를 통해, 오늘날의 '권리'와 같은 개념으로 '의'를 사용했다. '의'

도 '(당연히 ~할) 터'도, 그리고 '~해야 하는'도 도덕적인 의미가 매우 강한 말들이다. 한편 '도'나 '이'에도 전자의 뜻만이 아니라 후자의 뜻도 포함되어 있다. '이'란 주자학 용어로는 '사리'와 통하는 말로, 우주의 근본적인 모습이라는 뜻을 갖고 있다.

헵번의 사전에 제시된 번역어는 일본인이 쓰던 단어의 뜻을 그대로 반영했다기보다는 일본어 중에서 원어에 대응하는 단어를 찾은 결과 선택된 것들이라고 할 수 있다.

따라서 헵번이 제시한 '도리, 도, 이, 의, 선, 사리, (당연히 ~할) 터, ~해야 하는' 중에서 어디까지가 right의 도덕상의 뜻이고 어디까지가 법률상의 뜻인지를 구별하기는 어렵다.

여기서 1886년에 나온 『화영어림집성』 제3판을 보기로 하자. right의 항은 다음과 같이 기술되어 있다.

RIGHT n. Dōri, michi, ri, kōgi, kōdō, ken, kenri, gi, zen, suji, sujiai, hazu, beki

즉 '도리道理, 도道, 이理, 공의公義, 공도公道, 권權, 권리權

利, 의義, 선善, 사리事理, 조리條理, (당연히 ~할) 터, ~해야 하는'이라는 뜻이다. 여기서는 도덕상의 뜻과 법률상의 뜻이 어떻게 구분되어 있을까? 만약 전후로 해서 둘로 나눈다면, '권' 이하를 하나로 묶어서 생각해야 한다. '권'이나 '권리'는 이 무렵 이미 오늘날의 '권리'와 유사한 뜻의 말로 정착되어 있었다. 그러면 '의'는 어떤가? '공의'와 '의'는 어떻게 다를까?

요컨대 제3판에서도, 아니 오히려 초판보다도 더욱더 right의 두 가지 뜻에 대한 구분이 명확하지 않다.

아마도 헵번은 도덕상의 올바름과 법률상의 올바름을 뜻하는 right의 두 가지 뜻, 즉 오늘날 통용되는 '권리'가 본래는 같은 뿌리에서 나왔다는 것을 알고 있었던 것 같다. 이 두 가지는 본래 자연법 이래의 서구 사상사에서 하나의 뿌리로부터 나왔다. 그러나 동시에 이 둘을 확실하게 서로 다른 뜻으로도 파악하고 있었음에 틀림없다.

그에 비해서 당시 일본의 전통 사상에서는 도덕상의 올바름과 법률상의 올바름을 근본적으로는 구별하지 않았다. 일본에서의 이런 현상을 접하고 아마도 헵번은 당혹스러웠을 것이다.

결국 구별되지 않는 개념을 단지 단어만으로 구별하려 하는 것은 무리였던 것 같다. 헵번의 번역어는 앞서 언급한 후쿠자와 유키치의 right의 번역어와 상당히 유사하다는 것을 알 수 있다. 여기서 후쿠자와 유키치가 "번역어가 원어의 뜻을 완벽하게 표현하기란 어려운 일이다"라고 했던 말의 의미를 되새기게 된다.

4. '권(權)'과 right의 의미의 어긋남

그런데 헵번의 『화영어림집성』 제3판의 right에 대한 번역어와 후쿠자와 유키치의 번역어에 공통적으로 존재하면서 도덕상의 올바름이라는 뜻을 포함하지 않은 명백하게 이질적인 말이 있다. 그것은 '권權'이다.

'권'이라는 말은 종래의 도덕 우위의 가치체계와는 전혀 다른 가치체계를 표현하는 말이었다. 그런 점에서 본다면, right의 법률상 의미라고 하는, 바다 건너온 새로운 관념을 받아들이기에 적합했다. 그러나 '권'의 이질성과 신선함은 서구어에서 right 등이 갖는, 법률상의 뜻과 도덕상의 뜻 사이에 존재하는 이질성과는 달랐다.

right의 법률상 의미, 즉 오늘날 쓰이는 '권리'는 도덕상의 올바름이라는 뜻을 갖고 있으므로, 그런 점에서 적어도 '올바름'이라는 뜻만은 계승하고 있다고 해야 할 것이다. '올바름'은 곧 정당성 또는 합법성 등으로도 표현할 수 있다. 거기에 비해 '권'은 올바름과 대립하는 의미, 즉 힘이라는 뜻을 갖고 있었다.

그리고 이런 의미의 어긋남 때문에 마침내 '권'이 번역어로 정착한 것이 아닐까 한다. 즉 종래의 도덕 우위의 전통적 가치 체계에 대한 이질성, 더불어서 한편으로는 원어 right하고도 완전히 대립하는 이질성이 오히려 '권'을 번역어로 정착시켰다고 나는 생각한다. 이 점에 대해서는 좀 더 상세히 검토해보기로 하자.

5. '권'은 힘이었다

에도막부 말기의 니시 아마네 이후로 right의 번역어는 '권權', '권리權利', '권리權理', '권의權義' 등과 같이 '권'을 포함하는 말로 번역되었는데, 여기서 우선 당시 일본어에서의 '권'의 뜻에 대해 고찰해보기로 하자.

『화영어림집성』의 초판(1867)에는 '권'을 다음과 같이 기술하고 있다.

> KEN ケン 權 n. Power, authority, influence, —wo furū, to show one's power. —wo toru, to hold the power, to have the authority. —wo hatte mono wo iu, to talk assuming an air of authority.

이처럼 '권'은 우선 power, 즉 힘을 뜻했다. 이 내용은 19년 후에 나온 제3판에서도 거의 변함이 없다. 제3판이 나온 1886년은 '권'이나 '권리'가 right의 번역어로 널리 퍼져 있던 때다.

1894년에 나온 모즈메 다카미의 『일본대사림』에는 '권'이 '힘, 수단, 기세'로 설명되어 있다. 이 무렵에는 right의 번역어로 '권'도 쓰였지만, '권'보다는 '권리權利'가 더 많이 쓰였다. 즉 '권'은 right의 주된 번역어로 쓰이던 시기에 '힘'을 뜻하는 말이었던 셈이다.

한편 right의 또 다른 번역어 '권리'는 어땠을까? 1891년에 나온 오쓰키 후미히코의 『언해』에는 '권리'의 뜻이 다음과 같이 기술되어 있다.

> 개개인이 보유하고 있으면서 일이 닥쳤을 때 스스로 대처할 수 있는 권력(의무와 대립됨)

이 무렵이 되면 '권리'에 대해 법률 용어다운 설명이 더해진다. 하지만 결국은 '권력'의 의미를 벗어나지는 못했다.

6. right는 힘이 아니다

그러나 right는 서구 사상사에서 오히려 힘과 대립하는 뜻을 가진 말이었다.

서구에서 right의 근대적 의미를 분명하게 자각하고 지적한 이는 17세기 중반의 홉스Thomas Hobbes(1588~1679)이다. right와 law를 비교하며, right는 어떤 일을 할지 말지를 정하는 자유인 데 반해, law는 어느 한쪽으로 결정해 속박하는 거라고 『리바이어던Leviathan』(1651)에서 말하고 있다.

이 유명한 정의 이후로, right는 고대 이래의 자연법을 대신하게 되었다. 자연법은 앞 장에서도 언급했듯이 권력에 의해 만들어지는 인위적인 법과는 전혀 다른 질서에 속하는 법이다. 이 자연법이 홉스나 로크Locke(1632~1704)나 루소Rousseau(1712~1778)에 의해 right, 즉 오늘날 사용되는 '권리'라는 관념으로 계승된 것이다.

에도막부 말기에 니시 아마네가 네덜란드에서 피세링 교수에게 배운 법학은 자연법학을 계승한 것이므로, 법률상의 right는 힘과 대립적이며 구별적인 사상을 근거로 하고 있었다.

자연법학은 메이지시대로 접어든 이후에도 한동안 명맥을 유지했으나, 메이지 10년대(1877~1886) 무렵부터는 유럽에서 지배적인 위치에 있었던 법실증주의의 법학이 주류를 이루었다. 법실증주의의 법학에서 right는 개념이 아니다. 여기서 right는 법이 부여하는 의사意思, 혹은 이익을 뜻한다. 법실증주의의 법학의 입장에서 생각해도, right는 법에 의해 주어지는 힘이라고도 할 수 있다. 하지만 적어도 힘이 우선적인 의미는 아니다.

7. regt를 '권'으로 번역하게 된 유래

니시 아마네의 초기 저술에 해당하는 『만국공법万国公法』은 그가 피세링 교수의 강의를 기록해두었다가 귀국 후에 번역한 것이다. 1868년에 출판된 이 책의 서두는 다음과 같은 구절로 시작된다.

> 만국공법은 법학의 일부로 만국이 서로 상대해 장악할 수 있는 권權과 임무를 수행해야만 하는 의義를 논하는 것이다.

여기서 '권'은 '의'와 대립하며 오늘날의 '권리'와 그 뜻이 같다.

그런데 '권'을 '장악한다'는 것은 곧 권력을 쥔다는 뜻이다. 한자 지식이 풍부했던 니시 아마네는 당연히 그 사실을 알고 있었을 것이다.

『만국공법』이 출간되기 바로 전 해에 니시 아마네는 도쿠가와 요시노부德川慶喜(1837~1913. 1867년부터 1868년까지 통치한 에도 막부 최후의 쇼군將軍-역주)에게 새 시대에 대처하기 위한 제도의 개혁을 제안한 바 있다. 그 글 가운데 다음과 같은 구절이 나온다.

> 대략을 말씀드리면 세 가지로 요약할 수 있는데, 첫째로는 천황의 권權, 둘째로는 정부의 권, 셋째로는 다이묘代名(막부 직속의 무사-역주)의 권입니다.

여기서 '권'은 권력이나 권한에 해당하며 힘에 가까운 뜻이다. 이것은 한자 '권'의 원래 뜻이다.

니시 아마네는 왜 regt를 의미도 일치하지 않고 오해하기도 쉬운 '권'이라는 단어로 번역한 것일까?

니시 아마네는 이 책을 번역할 때 당시에 이미 간행되어 읽히던 윌리엄 마틴William Martin의 한역본漢譯本『만국공법』[1]을 참고했다고 기술하고 있다. 거기에 이미 '권'이라는 번역어가 나온다. 또한 롭세이드의『영화자전』(1866~1868)에도 right에 대해 다음과 같이 기술되어 있다.

> prerogative, 격외지권格外之權, 이상지권異常之權, the

1) 윌리엄 마틴은 중국에서 활동하던 미국 선교사로, 미국의 국제법 이론가인 헨리 휘튼(Henry Wheaton)의 저서 Elements of International Law를 1864년에 번역했다. 그때 쓴 제목『만국공법』은 이후 국제법을 뜻하는 단어로 정착되어 널리 쓰였다.

right of citizens, ……, 민지권民之權, legal power, 권權

이처럼 한역본에서는 전례가 있었던 것이다.

니시 아마네는 왜 이것을 그대로 받아들였을까? 부주의로 오역을 그대로 답습한 것일까?

그렇지만은 않은 것 같다. 오히려 그럴 만한 충분한 이유가 있었을 것이다. 즉 regt의 번역어로 '권'을 선택한 이유, 그럼으로써 오역을 할 수밖에 없었던 나름대로의 이유가 있었을 것이다.

우선 regt가 여기서는 공법公法상의 용어였다는 점을 이유로 들 수 있다. 또 다른 이유로는, 네덜란드어 regt는 영어와 달리 법률이라는 의미도 갖고 있었다는 것을 들 수 있을 것이다.

앞에서 인용한 『만국공법』 서두의 니시 아마네의 번역문에 대응하는 네덜란드어 원문을 보기로 하자.

> Volkenregt is dat gedeelte der regtswetenschap waarin de wederzijdsche regten en verpligtingen tusschen de volken behandeld worden.

이것을 니시 아마네는 '장악하다'나 '임무를 수행하다'와 같은 말을 보충하여 "만국공법은 법학의 일부로 만국이 서로 상대해 장악할 수 있는 권權과, 임무를 수행해야만 하는 의義를 논하는 것이다"라고 번역한 셈인데, 원문에서는 이 '법'과 '권' 모두 regt로 나와 있는 것을 확인할 수가 있다. 이제 regt만을 원어로 놔둔 채로 니시 아마네의 번역문을 바꿔보기로 하자.

> 만국의 regt는 regt의 학의 일부로 만국이 서로 상대해 장악할 수 있는 regt와, 임무를 수행해야만 하는 의義를 논하는 것이다.

"만국의 regt"는 '만국의 권'에 기초해 성립한다. 이 '권'의 뜻은 본래 힘이다. 그렇다면 그와 같은 '만국'이 "상대해 장악할 수 있는 regt" 역시 '권'이라는 말로 표현하는 게 적합하다고 니시 아마네는 생각했던 것 같다. 그것이 그렇게 부자연스러운 오해였다고만은 할 수 없을 것이다.

8. 니시 아마네의 용례에 나타나는 '권'의 모순

니시 아마네는 그 후에 right의 번역어로 '권리'라는 용어를 쓴다. 하지만 동시에 '권'이라는 말도 역시 쓰고 있다.

그로부터 얼마 후에 나온 『헌법초안憲法草案』의 경우를 예로 들어보자. 『니시 아마네 전집西周全集』(무네타카쇼보宗高書房, 1951)의 편자 오쿠보 도시카네大久保利謙에 의하면 이것은 메이지 10년대에 쓰였다고 한다. 여기서는 '일본국민의 권리', '국민의 권리 및 의무' 등의 표현이 나오면서, 한편으로는 '국민의 사권私權 및 공권公權', '소유의 권權', '결사結社 및 집회를 할 권權' 등과 같은 표현도 곳곳에서 발견된다.

한편 이 『헌법초안』에는 '권'이 right의 번역어가 아니라 명백하게 '권력'의 뜻으로 쓰인 '행정권', '입법권' 등의 용어도 나온다. 이것은 곧 '권'이라는 한 글자로 된 용어가 많다는 점을 제외하면, 오늘날 우리가 '권'을 쓰는 방식과 거의 같다고 할 수 있다. 따라서 오늘날과 같은 방식으로 '권'이 쓰이기 시작한 것은 이 무렵인 셈이다.

이처럼 니시 아마네는 어디서는 '소유의 권'이라는 표현을 사용하고, 비슷한 시기에 다른 곳에서는 '행정권'이라는 표현을 쓰고 있다. 이에 대해 오늘날 우리가 그렇게 하듯이 두 가지를 구분해서 쓴 것으로 해석하는 사람도 있을지 모른다. 즉 '소유의 권'이라고 했을 때의 '권'은 '권리'의 뜻이고, '행정권'이라고 했을 때의 '권'은 '권력'으로 해석하는 식이다(오늘날의 우리도 과연 이 두 가지를 제대로 구별하고 있는지 나로서는 의심스럽지만).

그러나 이미 '자연'에 대해 논할 때도 언급했듯이, 이런 식으로 구분하려는 의식은 없었다고 봐야 할 것이다. 적어도 명확히 의식해 구분한 것은 아니라고 나는 생각한다. 서구 언어에 능통하고 네덜란드 유학 경험이 있다는 사실을 감안해도 마찬가지다. 그의 정신세계 내부에 자리잡고 있던 서구어의 영향은 모국어인 일본어의 영향보다는 훨씬 적었을 테니까.

그 이전, 즉 1870년에 문하생 나가미 유타카永見裕가 니시 아마네의 정치적 견해를 그대로 기록한 『등영문답燈影問答』에는 다음과 같은 구절이 나온다.

무릇 사람이란 각각 자유의 권權을 가지고 있다고 하지

만, 원하는 대로 하게 놔두면 정부라는 것이 없는 거나 마찬가지다. 정부라는 것은 인민으로부터 군주를 뽑아 세워진 것이기에 인민이 이를 존경하지 않으면 안 된다. 군주를 존경하기에 인민 각자가 소유한 권의 일부분을 나누어 군주에게 맡기지 않으면 안 된다. 이미 그 일부분을 맡겼기에 각자 군주의 법령을 지키며 감히 위반할 수가 없으며, 또한 자신을 자유롭게 내버려둬서는 안 된다. 군주가 인민 각자의 일부분의 권을 맡고 있기에, 그 선악곡직善惡曲直을 변별하고 법으로서 흐트러짐이 없도록 하는 것이 바로 정부의 본체이다.

여기서 밑줄을 친 부분이 특히 중요하다. "인민 각자가 소유한 권의 일부분을 나누어 군주에게 맡기"고, "군주는 인민 각자의 일부분의 권을 맡고 있다"고 하는 생각은 언뜻 보기에는 홉스나 루소 등의 사회계약론과 유사해 보이지만, 사실은 전혀 다르다. '인민 각자가 소유'하는 '권'이란 right일 것이다. 하지만 '자유의 권'과 같은 right의 경우 그 '일부분'을 군주에게 맡기고 그와 동등한 '일부분의 권'을 군주가 맡는다는 것은 있을 수 없는 일이다. 일반적으로 맡기는 측의 '권'과 맡는 측의 '권'이 같은 것은 이해 당사자가 아닌 제3자의 경우이거나 물질에 대한 right의 경우다. 만일 맡은 측의 '권'을 right로 생각한다면, 그것은 사람을 구속하는 '권'이나 지배하는 '권'에 해당하므로 맡기는 측의 '권'과 대립하게 된다.

여기서 '권'이라는 한자 단어가 이런 논리의 모순을 감춘 채 이상한 논리를 성립시키고 있다.

이 '권'에는 본래 갖고 있던 힘이라는 뜻과 right의 번역어로서의 의미가 혼재하고 있다. '인민 각자'의 '권'은 후자이며, '군주'가 맡는 '권'은 주로 전자의 뜻이다. 번역어 '권'에는 이 두 뜻이 혼재하면서 모순을 감추고 있는데, 니시 아마네 자신도 그 사실을 전혀 알아차리지 못했다.

9. '민권' 운동에서의 '권'

'민권'이라는 말은 아무래도 오해를 받고 있었던 것이 아닐까 한다. 역시 두 뜻이 혼재하고 있었으나 그 점이 간과된 채로 쓰인 것 같다.

그런 경향은 1872년에 나온 나카무라 마사나오의 『자유지리』에서 시작되었다. 이 책의 제1장의 표제어는 「오랜 옛날 군과 민이 권을 다투다」이다. 즉 하나의 '권'을 '군'과 '민'이 다투어왔다는 것이다. 그리고 본문 중에는 다음과 같은 표현도 나온다.

> 묻겠는데 그렇다면 인민 자주의 권과 정부 관할의 권, 이 양자 사이에 어떠한 처치를 하여야 적절한 조화가 가능할 것인가?

여기서 '인민 자주의 권'과 '정부 관할의 권'에 대응하는 원문의 단어는 individual independence와 social control이다. 의미상 각각 right와 power에 해당한다고 할 수 있는데, 여하튼 나카무라 마사나오가 하나의 '권'을 '인민 자주'와 '정부 관할'의 대립으로 파악하고 있다는 점에 주목하고자 한다.

이 무렵부터 정부의 '권'과 대립하는 민의 '권'이라는 말이 자주 쓰이기 시작했다. 사람들은 정부의 '권'은 알고 있었으나, 민의 '권'에 대해서는 몰랐다. 1874년에 나온 사카키바라 이스케榊原伊祐의 『모임 이야기寄合ばなし』에 다음과 같은 이야기가 나온다.

모시 선생님, 우편 규칙이라는 것도 권도權道라고 하는지요? 묘하군요. 자유의 권이니 권도니 하고 무슨 말에든 권이 붙는 것은 어째서죠? 요즘은 세 개의 진津 이외에는 사카이현縣이니 효고현이니 시가현이니 하고 일본 전국이 현[2]이 되어 버렸으며, 토지는 지권地券(메이지 정부가 발행한 토지 소유권 증서-역주)이 되었죠. 모든 번藩의 빚은 증권證券이 되었고요.

그러자 이 말을 받아서 '선생님'이 이렇게 말했다.

본래 이 권이라는 글자는 저울을 의미한다네. ……특히 당시는 관청에서도 각자의 몸을 더 무겁게 하기 위해 추를 백오십 근 정도에 맞추고 기다리던 시절이라네. 그런데 어찌 된 영문인지 모두가 자신은 백 근 정도로 충분하다고 굳이 사양을 하게 된 것으로 보인다네.

그야말로 동문서답을 하고 있다. 이 대화를 통해 우리는 '권'이 자주 입에 오르내리고 유행하게 된 당시의 상황을 엿볼 수 있으면서, 동시에 '권'이 무슨 뜻인지를 잘 몰라

2) 일본어에서는 현(縣)과 권(權, 券) 모두 '켄'이라는 음으로 읽히므로, 동음이의어를 이용한 말장난을 하고 있다.

당황하는 모습을 확인할 수 있다.

메이지 10년대(1877~1886)에는 자유민권운동이 활발해졌다. 이 무렵 right의 의미는 일반적으로 많이 알려지게 되었지만, '민권'의 '권'에 일본어 본래의 의미와 번역어의 의미가 혼재하고 있었다. 하지만 그런데도 사람들은 그런 사실을 의식하지 못했다는 점에는 거의 변화가 없었다.

당시 사람들의 문장에서 자주 사용된 표현 가운데 "권을 주장하다", "권리를 주장하다"라는 말이 있다. 우에키 에모리植木枝盛(1857~1892)의 『민권전사가民權田舍歌』에 "권리를 주장하라 나라사람들이여…… 권리를 주장하라 자유를 신장하라…… 자유의 권을 주장하고 신장하라"와 같은 구절이 반복된다. 이타가키 다이스케板垣退助(1837~1919)의 『자유당사自由党史』에는 "찢어라 장지문과 내 권리, 맞서지 않을 수 없는 가을바람"이라는 도도이쓰都都逸(구어조의 통속적인 노래의 일종-역주)가 인용되어 있다. 당시의 많은 논문에는 관용구로서 "권을 주장하다"라는 표현이 나온다. 이런 경우의 '권'은 힘이나 권위이지 right가 아니다. 앞서 인용한 헵번의 사전에서는 KEN을 power, authority로 번역하고, 그에 대한 예문으로 든 '—wo hatte mono wo iu(—을 주장하며 말을 하다)'를 'to talk assuming an air of authority'로 번역했다.

자유민권의 '권'이란 right라기보다도 우선 힘이었다. 힘과 동일하지는 않았지만 거의 힘에 가까웠다.

에도막부 말기에서 메이지 초기에 니시 아마네 등이 right를 우선 공법상의 의미로 소개하고 그 후에 번역어로 정착한 '권'이라는 말은 이후의 민 '권'운동에도 의외로 깊은 영향을 준 것으로 보인다. 민권운동가들은 정부의 '권'에 대해 자신들 역시 본질적으로는 그와 동등한 '권'을 요구했다. 예를 들어 민권운동가들이 요구한 것은 우선 참정권 등과 같이 정치에 참여할 '권'이었다. 기본적인 인'권'과 같은 '권'은 거의 문제 삼지 않았다. 그리고 그들이 요구한 것이 right가 아니라 '힘'에 가까운 것이었기에, 그것은 비교적 쉽게 받아들여지고 지지도 받았다. 특히 에도시대 무사 계급의 지지를 얻었을 것이다.

이 점은 아마도 민권운동의 약점이 되기도 했을 것이다. 민권운동이 '권'에 의해 탄압을 받게 되었을 때, 민권운동가들 역시 '권'을 잃고 말았다. 혹은 참정'권'이 불완전하나마 메이지헌법에 의해 주어졌을 때, 헌법에 아직 실현되지 않은 '권'을 잃었다. right란 원래 눈에 보이지 않는 추상적인 관념으로, 비록 구체적인 운동이 힘을 잃어도 그와는 별도로 사람들의 정신 속에 남아 있게 마련이다. 서구에서의 자연법이나 자연권의 역사가 그것을 말해준다.

이렇게 해서 사람들이 비교적 쉽게 이해했던, 혹은 두려움의 대상이기도 했던 '권'은 right가 아니라 오히려 힘을 의미했다. 하지만 반면에 사람들은 이를 통해 right의 의미도 차츰 이해하게 되었다는 사실 역시 간과해서는 안 된다. 즉 사람들은 새롭게 출현한 '권'을 우선 받아들였으나, 동시에 거기에는 미지의 right와 유사한 의미도 포함되어 있었다는 사실을 차츰 이해하게 된 것이다. 일본인들이 외래문화를 수용할 때는 항상 이런 과정을 거쳐왔다.

그런데 오늘날 우리가 알고 있는 '권리'는 남녀동 '권'이라든가 일조'권'과 같이 '권' 한 글자만으로 표현되는 경우도 적지 않다. '권'이라는 말의 본래의 의미가 여전히 뒤섞인 채 살아 있는 것이다. right나 후쿠자와 유키치의 '통의'가 도덕적인 올바름이라는 뜻을 고수한 데 비해, '권'은 어딘가 완력으로 밀어붙이는 것 같은 느낌을 떨쳐버릴 수가 없다. 예를 들어 일상 대화에서 이 말을 입에 담으면 그 대화는 자칫 갑갑해지기 일쑤다. 그런 느낌은 일상의 여러 곳에서 이 말의 구체적인 표현 속에 여전히 살아 있다.

제9장 자유(自由)
—야나기타 구니오의 반발

1. 오해받기 쉬운 말 '자유'

야나기타 구니오柳田国男(1875~1962. 민속학자-역주)는 다음과 같은 일화를 털어놓았다.

> 예를 하나 들면, 내가 대여섯 살쯤 되었을 때 마침 일본에는 '자유민권'이라는 말이 파도처럼 밀려 들어왔습니다. 우리 집은 시골에 있었는데, 어느 날 한 젊은 노름꾼이 엉망으로 취해 우리 집 대문 앞에 누워서 꼼짝하지 않았습니다. 그를 쫓아내려고 안팎에서 여러 사람이 합세해 일으키려고 하자, 그가 "자유의 권이다"라고 소리쳤던 것을 아직도 기억하고 있습니다. 그 기억 때문에 자유라는 말의 개념이 혼란스러워졌고 왠지 처치곤란의 혐오스런 존재인 것처럼 느껴졌습니다. 따라서 그 시절 자유민권운동의 지도자였던 이타가키 다이스케 씨에 대한 반감을 오랫동안 떨쳐버릴 수가 없었습니다. (『즐거운 생활たのしい生活』, 1941)

이 일화에서 나는 두 가지 점에 주목하고자 한다. 우선 젊은 노름꾼의 입장에서 생각하면, 엉망으로 취해 남의 집 대문 앞에 드러누워서도 "자유의 권이다"라고 당당하게 말할 수 있었다는 점에 주목할 필요가 있다. 여기서는 특히 '자유'라는 말에 주목하고자 한다. 당시 '자유'는 유행어였다. 따라서 사람들은 온갖 상황에서 이 말을 사용했다.

사람들은 '자유'라는 말을 부적절한 상황에서 쓰는 경우가 많았다. 위의 일화도 그런 예에 속한다. 즉 뜻도 잘 모르는 채로 쓴 것이다. 어쩌면 뜻을 잘 몰라서 오히려 유행하게 되었다고도 할 수 있다. 앞에서 거듭 말했듯이 번역어 특유의 '효과' 탓이다.

또 한 가지는 필자, 즉 야나기타 구니오의 입장에서 생각해보고자 한다. "자유라는 말의 개념이 혼란스러워졌고 왠지 처치곤란의 혐오스런 존재인 것처럼 느껴졌다"고 그는 말한다. 어린 시절의 경험이지만 그런 느낌은 '오랫동안' 지속되었다고 한다. 말의 의미를 파악할 때 좋고 나쁘고를 판단하는 관점은 중요하다. '자유'는 야나기타 구니오에게 '혐오스런' 나쁜 의미, 나쁜 효과, 나쁜 어감의 말이었던 것이다. 물론 이 말이 생면부지의 젊은이의 건방진 행위와 직결되어 있기 때문이었겠지만, 반드시 그 때문만은 아니었다. '자유' 자체가 본래 나쁜 의미를 가질 수 있는 말이라는 이유도 있었다.

만약 '자유'가 freedom이나 liberty처럼 눈부신 역사를 가진 말이었다면, 그런 식으로 건방진 행위와 연결되지는 않았을 것이다. 예를 들어 노름꾼이 "자유의 권이다"라고 말하면, "아니 '자유'란 그런 의미의 말이 아니다"라는 식으로 반박했을 것이다.

이것은 1세기도 더 지난 과거의 일화이지만, 우리는 지금도 이와 비슷한 상황을 여러 곳에서 마주치고 있지 않은가? 이른바 '자유에 대해 오해'하는 상황이 지금도 벌어지고 있다.

'자유'라는 말은 제대로 이해하면 좋은 의미이나 오해하게 되면 나쁜 의미가 된다는 식으로 막연히 생각하기 십상이지만, 반드시 그런 것만은 아니라고 나는 생각한다. 문제는 이해 방식에 있는 것이 아니다. 모국어 속에 뿌리를 깊이 내린, 오랜 역사를 가진 말에는 오해의 여지가 없는 법이다.

오해를 받는 '자유'는 바로 번역어 '자유'다.

근대 이후의 '자유'라는 말에도 영어로 말하면 freedom이나 liberty와 같은 서구어에 대한 번역어로서의 의미와 '自由'라는 한자어가 본래 갖고 있던 의미가 혼재한다. 그리고 단순화해서 말하면, 서구어의 번역어 '자유'는 좋은 의미, 일본어에서 본래 쓰이던 '자유'는 나쁜 의미였다.

2. '자유'는 부적절한 번역어였다

에도막부 말기에 네덜란드의 자바 총독이 막부에 제출한 문서의 번역문 중에 "세계가 점점 더 제멋대로 되어가는 형세에 있다"라는 문구가 있었다. 여기서 '제멋대로'는 네덜란드어 vrijheid로, 영어로 말하면 liberty나 freedom의 번역어다. 이 문장을 보고 막부의 관리 중에는 '이것은 약탈을 마음대로 하겠다는 의미다, 외국인을 가까이해서는 안 된다'라고 생각하는 자가 많았다고 한다.

vrijheid를 '제멋대로'로 번역한 것은 터무니없는 오역이었을까? 역사학자 쓰다 소키치津田左右吉(1873~1961)는 '자유'라는 단어의 용법에 관한 역사를 고찰한 책의 서두 부분에서 이런 의문을 제기한다(「번역어로 인해 생기는 오해訳語から起る誤解」, 1956)

그런 의문에 대한 답을 제시하기 위해, 그는 오래된 예로 『후한서後漢書』를 들었다. 즉 붉은 눈썹의 무리가 자신들이 옹립한 천자를 어린아이처럼 보고 '백사자유百事自由', 즉 만사를 자유롭게 행했다고 하는 예다.[1] 일본의 예로는 『도연초徒然草』[2]의 조신盛親 승도僧都에 대한 묘사에서 "세상을 가볍게 여기는 괴짜로 만사에 자유로워 남을 따르는 법이 거의 없다"를 들고 있다. 아무래도 '자유'에는 제멋대로라는 뜻으로 쓴 예가 많다.

물론 좋은 의미로 쓴 경우도 있다. 특히 선승禪僧의 경우에는 '자유 해탈'과 같이 얽매이지 않는 경지에 대한 표현으로 쓴다. 선禪 특유의 역설적인 의미가 포함되어 있는 것이리라. 그리고 기독교 문헌에도 '자유'라는 단어가 그리스도의 도움으로 영혼이 해탈하여 '자유'를 얻는다는 식의 의미로 종종 쓰인다. 아마도 선승이 기독교 문헌의 번역에 참가했기 때문이 아닐까 하고 쓰다 소키치는 말한다.

그런 다음 이렇게 결론을 내린다.

이상의 용례로 보면, 기독교 문헌을 제외하고는, 자유

1) 중국의 왕망(王莽)이 세운 신(新)나라 말기에 눈썹을 붉게 물들인 농민들이 반란을 일으킨 사건으로, 흔히 적미(赤眉)의 난이라고 한다.
2) 14세기에 쓴 것으로 추정되는 일본의 대표적인 수필집. 저자는 요시다 겐코(吉田兼好).

라는 말에는 법령상의 용어로서는 말할 것도 없고 그 외의 경우에도 비난에 가까운 뜻이 포함되어 있는 경우가 많음을 알 수 있을 것이다. 구속을 받지 않는다는 뜻으로 쓰였을 때도, 대부분은 사회적 제약을 벗어난다는 점에서 마음대로 혹은 제멋대로라는 느낌을 주어, 일반인의 생활 태도로서는 용납하기 힘들다. 생각대로 한다는 뜻일 때도 타인에 대해서나 세상에 대해 말할 경우에는 마찬가지다. 좋은 의미로 쓴 예도 있지만, 그런 경우는 적다. 후쿠자와 유키치가 『서양사정』에서 리버티 혹은 프리덤에는 아직 적당한 번역어가 없다고 하면서 거론한 단어 중 하나가 '자유'인데, 그러면서 원어는 제멋대로에다 방탕하며 국법도 두려워하지 않는다는 뜻과는 거리가 멀다고 분명하게 못을 박았던 것도 생각날 것이다. 자유는 사실은 적절한 번역어가 아닌 듯하다.

요컨대 vrijheid를 '제멋대로'로 번역한 것이나, 영어 freedom이나 liberty를 '자유'로 번역한 것에 별 차이가 없다는 얘기다.

이런 예를 통해 우리는 서구어를 일본어로 번역하는 것이 얼마나 어려운 일이었는지 알 수 있다.

3 '자유'는 기피 대상이었다

'자유'라는 말은 중국이나 일본에서 오래전부터 썼는데, 번역어 '자유'의 역사도 짧지는 않다. 기독교 문헌에 이미 있었고, 『화란자휘』(1855~1858)에도 형용사 vrij가 '자유로운', 명사 vrijheid가 '자유 또는 거치적거림이 없음'으로 나와 있다. 『영화대역수진사서』(1862)에는 liberal이 '제멋대로 구는, 거리낌이 없는, 마음을 털어놓는, 자유로운', liberty는 '자유, 거치적거림이 없음'으로 나와 있어 『화란자휘』의 내용을 그대로 계승했다고 할 수 있다. free가 '자유로운, 정직한, 용이한, 방해받지 않는'으로, freedom이 '면허, 허가를 받는 것, 자유'로 나와 있다. 『불어명요』(1864)에는 libéral이 '인색하지 않은'으로, liberté가 '자유, 만사에 두려움이 없는 것'으로 나와 있다.

이렇게 보면, 에도막부 말기까지는 약간의 차이는 있었으나 적어도 사전에서 freedom이나 liberty와 뜻이 같은 서구어를 일본어로 바꾸려 할 때는 우선적으로 '자유'가 채택되었음을 알 수가 있다

그러나 에도막부 말기에서 메이지 초기에 서구의 여러 사상서를 번역하기 시작하면서, '자유'가 적절하지 않은

번역어라는 인식이 확산되기 시작했다.

그 점을 처음으로 지적한 사람은 앞서 인용한 쓰다 소키치의 글에도 나와 있듯이 바로 후쿠자와 유키치다.

1870년에 후쿠자와 유키치는 『서양사정 2편』에서 다음과 같이 서술했다.

> 양서洋書를 번역할 때, 때로는 적당한 번역어가 없어 번역자가 난처해하는 경우가 적지 않다. 예를 들어 번역서 가운데 종종 자유(원어 liberty) 통의通義(원어 right)라는 단어를 사용하는 경우가 많다는데, 사실은 이런 번역어들로 원어의 뜻을 담기에는 역부족이다. 이 책의 앞부분에서 주로 자유와 통의에 대해 다루었으므로, 독자의 이해를 돕기 위해 우선 이 두 단어의 뜻을 주해註解하면 다음과 같다.
>
> 우선 liberty는 자유라는 뜻으로, 한인漢人은 자주自主, 자전自專, 자득自得, 자약自若, 자주재自主宰, 임의任意, 관용, 종용從容 등의 번역어를 썼으나 여전히 원어의 뜻을 반영하기에는 충분하지 않다.

요컨대 '자유'가 유독 부적절한 번역어라는 것이 아니라 다른 번역어들도 마찬가지라고 하며, 결국 적절한 번역어가 없다는 결론을 내린다.

일찍이 루소는 "인간은 자유로운libre 존재로 태어났다. 그런데 도처에서 사슬에 묶여 있다"고 『사회계약론』(1762)에 썼다. 이 말은 이후에 서구 곳곳에서 사람들의 마음을 불타오르게 했다. 물론 일본을 비롯한 동양에도 압제에 항거하는 다양한 운동이 있었다. 그러나 그런 운동을 '사슬'로부터 해방되는 것을 넘어서 적극적으로 추구해야 할 가치이자 인간 내부에 존재하는 관념으로서 표현할 말은 없었다.

그런 사실을 일본에서 최초로 통감한 후쿠자와 유키치는 이런 개념어에 대한 번역사의 창시자였다고 나는 생각한다.

이후 에도막부 말기에서 메이지 초기에 걸친 일본의 선구적인 지식인들은 이런 개념어를 번역할 때 단어 선택에 신중을 기한 것 같다. 그때 '자유'라는 단어는 오히려 기피 대상이었던 것으로 보인다. 그런 흔적을 더듬어보자.

1868년에 니시 아마네가 저술한 『만국공법』에는 '자주自主'라는 단어가 나온다. '개인의 자주自主에 관한 여러 가지

권權', '나라의 특립特立 자주의 권權' 등의 용례가 있다. 니시 아마네와 함께 네덜란드에 유학한 쓰다 신이치로도 같은 해에 『태서국법론泰西国法論』에서 '자주민自主民, 부不자주민' 등과 같이 역시 '자주'라는 번역어를 썼다.

'자주'는 후쿠자와 유키치도 말했듯이 한역漢譯에서 주로 쓰인 번역어로, 모리슨의 『영화자전』(1822)에서는 liberty도 freedom도 '자주지리自主之理'로 번역되어 있다. 메더스트의 『영화자전』(1847~1848)에 따르면, liberty는 '자주, 자주지리, 임의천전任意擅專, 자유득의自由得意, 유득자기由得自己, 자주지사自主之事'로 나와 있다.

가토 히로유키는 『입헌정체략立憲政体略』(1868)에서 '자주'와 함께 '자재自在'라는 용어를 썼다. '자신자주自身自主의 권리', '사언자재思言自在의 권리', '신법자재信法自在의 권리'와 같은 식이다. 1870년에 가토 히로유키는 『진정대의真政大意』를 써서 민주주의라는 서구 정치사상을 소개했는데, 거기에는 '불기不羈'라는 단어를 주로 써서 '불기의 정情', '불기 자립自立의 정情'과 같은 표현이 나온다.

1871년에 간다 다카히라神田孝平(1830~1898. 서양의 학문을 연구하던 양학자-역주)가 번역한 『성법략性法略』에서는 '자주'와

'자재'를 썼다.

그리고 이듬해에 나카무라 마사나오의 『자유지리』가 나왔다. 이 책은 당시에 널리 읽혀, 번역어 '자유'의 정착에 커다란 기여를 한 것으로 생각된다.

그러나 '자유'는 번역자 나카무라 마사나오에게 있어서 결코 확정된 번역어는 아니었다. 동시대의 후쿠자와 유키치, 니시 아마네, 쓰다 소키치, 가토 히로유키 등과 마찬가지로, 아니 어쩌면 더욱더 조심스럽게 번역어 '자유'를 경계한 것으로 보인다.

나카무라 마사나오는 「서학일반西学一斑」이라는 제목으로 서양사상을 소개하는 글을 『메이로쿠 잡지』 제10호(1874)부터 연재했다. 첫 번째로 실린 글에 다음과 같은 주註가 나온다.

> '리버럴 폴리틱스' 관홍寬弘의 정학政學으로 번역한다.

즉 liberal이 '관홍의'로 번역되어 있다. liberty라면 '관홍'이 될 것이다. 『자유지리』의 번역자가 그로부터 2년 후에 의식적으로 '자유'라는 번역어를 피한 셈이다.

이어서 『메이로쿠 잡지』 제12호에는 다음과 같은 주가 나온다.

> '프리 스테이츠' 인민이 자유롭게 뜻과 힘을 펼칠 수 있는 나라라는 뜻이다.

또다시 '자유'라는 단어가 등장한다. 그러나 이어서 다음과 같은 구절이 나온다.

> 번역자가 말하길, 서구어에 '리버티'라는 말이 있으나 일본에도 중국에도 정확하게 이에 해당하는 말이 없어서, 모리슨은 이것을 '자유지리'로 번역했고, 롭셰이드는 '임의행지권任意行之權'으로 번역했다. 생각건대 이것은 인민 각자의 취향에 따라 행할 수 있는 권력을 의미하는 듯하며, 모든 대공大公의 이익, 공동의 이익이 되는 율법에 따르는 것 외에 나아가 타의 압제와 구속을 받지 않는 인민의 권權을 '시빌 리버티'라고 하여 서국西國에서는 이것을 개화치평開花治平의 기본으로 삼는다. 따라서 '릴리저스 리버티'라고 하면 윗사람의 강압을 받지 않고 인민 각자가 마음으로 믿는 법교法教를 따르는 것을 일컫는다.

'리버티'가 번역하기 어려운 말임을 우선 밝힌 다음, '리버티'가 서구 역사에서 얼마나 중요한 말이었는지를 설명하고 있다. 그러면서 번역어를 쓰지 않고 원어 '리버티'를 일관적으로 썼다.

또한 『메이로쿠 잡지』 제15호에 실린 속편에도 다시 '자유'라는 말이 등장한다.

> '릴리저스 리버티' 법교法教를 의미함. 인민 각자가 믿는 바에 따라 얻는 자유의 권을 의미.

이런 식으로 굴절된 단어 사용 과정을 거친 후에, 결국 '자유'라는 단어가 널리 쓰이기에 이른다. 이 무렵이 번역어 '자유'에 대한 경계가 풀리기 시작한 전환기인 셈이다.

4. 부적절한 번역어가 왜 살아남았을까

일찍이 후쿠자와 유키치는 '자유'는 liberty의 번역어로서 적절하지 않다고 하면서도 결국 이 말을 사용했다. 아마도 '자유'가 민중의 일상어였기 때문일 것이다. 그래서 자신이 쓴 책을 읽는 독자들은 이 번역어에 주의해줄 것을 당부했다. 그러나 말이라는 것은 일단 사람들 사이에서 널리 유통되면 독립적인 개체가 되어 독자적으로 활동한다. 처음에 쓴 사람, 단어를 만든 사람의 뜻대로는 되지 않는 법이다. 그로부터 얼마 후에 『자유지리』가 널리 읽히게 되었다. 그 영향으로 결국 '자유'는 freedom이나 liberty의 번역어로서의 지위를 독점한 것이다.

하지만 그렇다 해도 왜 '자유'가 살아남았을까? 예를 들어 이제까지 검토해온 에도막부 말기에서 메이지 초기 사이에 사용된 여러 번역어들, 즉 '자주', '자재', '불기', '관홍' 등에 비해 '자유'가 적절한 번역어라고 할 만한 이유는 찾아보기 힘들다. 오히려 '자주', '자재', '불기', '관홍' 등은 '자유'와는 다른 어감을 갖고 있어서 선택된 것으로도 볼 수 있다. 이런 단어들은 적어도 나쁜 어감을 갖고 있지 않다는 점에서는 '자유'보다 적합한 번역어였던 것으로 생각된다. 그 점을 한자와 한문서적에 친숙했던 당시의 지식인들은 잘 알고 있었을 것이다.

일반적으로 어떤 번역어가 선택되고 살아남는가 하는 물음에 답하기란 쉽지 않다. 하지만 대체로 문자의 의미로 봐서 가장 적절한 단어가 살아남는 것은 아니란 점만은 단언할 수 있다.

한 가지 분명한 것은 번역어다운 말이 정착한다는 점이다. 번역어는 모국어의 문맥 속으로 들어온, 이질적인 태생에 이질적인 뜻을 가진 말이다. 이질적인 말은 어딘지 이해하기 힘든 법이다. 어딘가 어감이 어긋나 있기 때문이다. 그런 말은 오히려 이해하기 힘든 상태, 어긋난 상태 그대로 놔두는 편이 더 낫다. 모국어에 완전히 섞여버리면 오히려 바람직하지 않은 결과를 낳기도 한다.

일본어에서 음독音讀을 하는 한자어는 본래 이국 태생의 말이었다. 일본어에서는 이 이국 태생의 말을 이질적인 성격은 그대로 남긴 채로 고유의 말과 혼재시켜왔다. 근대 이후의 번역어에 두 자로 된 한자어가 많은 것도 이런 전통의 원칙을 자연스럽게 따른 것이다. 두 자로 된 한자어 중에도 모국어와 잘 어울리는 말보다는 어딘가 위화감이 느껴지는 말이 오히려 더 바람직하다. 사람들이 의식적으로 그렇게 선택하는 것이 아니라, 말하자면 일본어라는 하나의 언어 구조가 저절로 그렇게 작용하는 것이다. 번역어는 오랫동안 써온 모국어와는 성격이 다른 말이다. 사람들이 직관적으로 그 차이를 느낄 수 있는 말인 것이다.

5. '자유'를 받아들이는 방식

이제까지 '자유'라는 번역어를 번역자의 입장, 즉 소수 지식인의 입장에서 봐왔는데, 이제부터는 받아들이는 입장, 즉 다수의 민중의 입장에서 생각해보기로 하겠다. 앞서 인용한 야나기타 구니오의 일화에 등장하는 노름꾼이나 야나기타 구니오의 입장에서 생각해보겠다는 것이다.

1879년에 나온 쓰지 고소辻弘想의 『개화 이야기開化のはなし』에 '자유'에 대한 다음과 같은 문답이 실려 있다. 꾸며낸 이야기이긴 하지만, 당시의 보수파와 문명개화파의 실상을 생생하게 전해준다.

> [보수파] 그런데 자네가 머리를 굴려 나는 인재라서 이런 역할을 떠맡는다며 모자나 구두에 쓸데없는 낭비를 하고, 요순堯舜 시대 이후로 지금의 청조淸朝에 이르기까지 들어본 적도 없는 한자어를 쓰고는 스스로 임무를 다

했다고 생각하는 것은 당치도 않은 착각이라네.

[문명개화파] 자네는 참으로 한심한 사람이로군. 지금은 서양에서부터 바다를 건너 자주자유의 권리라는 것이 들어와, 정부에서 그것을 사들여 온 나라의 비천한 인민에게까지 조금씩 떼어서 나눠주고 있는 걸 모르는가? ……자유란 내 생각대로 하면서도 타인의 방해를 받지 않는 것으로, 제멋대로라는 뜻이라네. 그렇기 때문에 자기 몸에 모자를 걸치든 구두를 신든 옆에서 이러쿵저러쿵 참견하는 것은 남의 자유를 침해하는 것이니, ……

[보수파] 잘 생각해보게나. 내가 생각하는 것을 마음 내키는 대로 행동에 옮긴다면 국법도 필요 없겠고 관리도 필요 없겠군. 자네의 입학을 재촉하는 것 역시 남의 자유를 침해하는 것이 되니 쓸데없는 참견이고, 내가 자네를 비난하는 것도, 그리고 내가 마음속으로 생각하는 것을 입 밖에 내면(언어 자유의 권이라는 것인가?) 자네가 노발대발하는 것도 전부 쓸데없는 참견이 되겠군. 코쟁이들의 법이라며 각자의 자유를 주장하면서 한 사람 한 사람이 독립을 하면 나라가 어떻게 태평할 수가 있겠는가? 아침저녁으로 싸움이 끊이지 않을 거네.

우선 '자유'를 지지하는 문명개화파에게 '자유'란 무엇일까? "서양에서부터 바다를 건너 자주자유의 권리라는 것이 들어와, 정부에서 그것을 사들여 온 나라의 비천한 인민에게까지 조금씩 떼어서 나눠주고 있는" 것은 물론 liberty는 아니다. 예전부터 일상적으로 써온 '자유'도 아니다. 하지만 어쨌든 '바다를 건너' 들어온 고마운 것이다. '카세트'와도 같은 말이다. 그런데 "내 생각대로 하면서도 타인의 방해를 받지 않는 것"으로 그 뜻을 설명하는 것을 보니, '자유'를 본래 일상어에서 쓰던 뜻으로 받아들이고 있음을 알 수가 있다. 즉 '카세트'와 같은 단어 속에 예전부터 써온 '자유'의 의미가 들어가 있는 것이다. 그러나 그것만은 아니다. 이 말을 사용한 당사자도 잘 모르겠지만, 어쨌거나 좋은 것이라는 선입견을 갖고 있다.

이것에 반대하는 보수파 쪽도 '자유'라는 말의 의미를 '제멋대로'로 이해하고 있다. 예전부터 써온 일상어의 뜻으로 이해하고 있는 것이다. 하지만 그것만은 아니다. "요순堯舜 시대 이후로 지금의 청조淸朝에 이르기까지 들어본 적도 없는 한자어"라고 하면서, 어쨌거나 나쁜 말이라는 인식을 드러낸다. 전통적인 일상어의 뜻에 부정적인 의미에서의 '카세트 효과'가 발생한 셈이다.

여기서 앞서 인용한 바 있는 야나기타 구니오의 일화를 떠올려보면, '자유'라는 말을 둘러싼 대립 구조가 매우 유사함을 알 수가 있다. 젊은 노름꾼과 야나기타 구니오는 이 문명개화파와 보수파처럼 서로 대립한다. 찬성하는 사람과 반대하는 사람 모두 그 의미에 대해서는 잘 모르고 있으면서도 진지하게 열중해서 '자유'에 찬성 혹은 반대하고 있다는 점에서 유사한 구조인 것이다.

이런 현상은 번역어에만 국한된 것은 아니다. 새로 출현한 사물, 밖에서 새로 들어온 것에 대해 우리 인간이 처음에 보이는 반응의 기본적인 패턴일 것이다.

번역어는 원래 하나의 언어 체계, 문화의 의미 체계 속에 자리 잡고 있는 단어를 그 체계에서 분리해 끄집어낸 것을 토대로 한다. 따라서 분리된 상태의 번역어만을 보고 본래의 뜻을 이해하기 어려운 것은 당연하다.

그러나 반드시 완벽한 이해가 이루어져야만 받아들여지는 것은 결코 아니다. 일단 받아들이고, 그런 다음에 차츰 그 뜻을 이해해가는 수용방식도 있다. 일본에서의 번역어는 단적으로 말하면 그런 기능을 하는 말이다. 유사이래 일본인들이 한자를 사용하여 이질적인 문화를 받아들인 것도 그런 방식이었다.

앞서 인용한 '자유'에 관한 문답으로 다시 돌아가기로 하자. 희화화하긴 했으나 이것은 일본인들의 번역어 이해의 본질을 잘 보여주는 예라고 나는 생각한다. 여기서 문명개화파가 이해하는 '자유'는 당장은 전통적인 일상어의 의미 그대로인 것처럼 보이지만, '바다를 건너' 들어온 것으로 (정부가) '나눠준' 소중한 것이라는 점에서 분명히 다르다. "내 생각대로 하면서도 타인의 방해를 받지 않는 것"이 인간에게 그만큼 중요하다는 것을 새삼 인식하게 된다. 아마도 그런 과정을 통해 그 사람 나름으로 liberty의 원래 뜻도 차츰 이해해나갈지도 모른다.

야나기타 구니오의 일화에서도 한 젊은이가 남의 집 대문 앞에서 술에 취해 잠들어버렸을 때, 그런 대담무쌍한 행동을 변호해주는 '자유'라는 말이 있었다는 것은 역시 중요하다고 하겠다. 이런 일화를 통해 새로운 뜻을 가진 '자유'라는 말이 점차 사람들을 움직이기 시작한 시대 배경도 엿볼 수가 있다.

제10장 그(彼), 그녀(彼女)
—사물에서 사람으로, 그리고 연인으로

1. 번역어 '그(彼)', '그녀(彼女)'의 역사

he는 과연 '그彼'[1]일까?

서구어의 3인칭대명사에 대한 번역어로 일본에서 '彼'라는 말을 쓴 역사는 상당히 오래되었다. 『하루마화해』(1796)에는 zijn이 '彼人(저 사람), 其人(그 사람)'으로 나와 있다. 네덜란드어 zijn은 영어의 his에 해당하는데 어쨌든 여기에 '彼'가 쓰였으며, 또한 '그의 것'이라는 뜻의 de zijne에 대한 번역어로도 '彼'가 쓰였다. 이후에 난학자들은 3인칭대명사로 '彼'를 종종 썼으며, 여성을 가리킬 때는 '彼女' 즉 '그녀'라고 했다. 예를 들어 난학자 후지바야시 후잔藤林普山(1781~1836)의 『화란어법해和蘭語法解』(1815)에는 다음과 같은 번역문이 나온다.

> Zij is zeer schoon.
> 彼女は　甚　美ナリ(그녀는 매우 아름답다)

여기서 '彼女'는 지금처럼 '가노조'가 아니라 '가노온나'

---

1) 일본어에서 3인칭 남성대명사는 '彼'로 표기하고 '가레'라고 읽으며, 3인칭 여성대명사는 '彼女'로 표기하고 '가노조'라고 읽는다. '彼'는 곧 우리말의 '그'에 해당하며, '彼女'는 '그녀'에 해당한다.

로 읽힌 것으로 추측된다.

모리슨의 『영화자전』(1822)에서는 he가 '타他, 피彼, 이伊, 거渠'로 번역되어 있다. 단 she는 중국어로는 적당한 말이 없다고 설명하고는 he와 마찬가지로 '타'로 번역했다. 따라서 '彼女'라는 번역어는 특별히 일본에서 만들어진 말인 셈이다. 그리고 '彼女'를 지금처럼 '가노조'로 읽은 최초의 용례는 1885년경에 나온 쓰보우치 쇼요의 『당세서생기질当世書生気質』로 추정된다.

에도막부 말기에서 메이지 초기 사이의 영어와 독일어, 프랑스어 사전에서도 he, er, il의 번역어는 거의 '彼'였으며, she, sie, elle의 번역어는 '彼'와 '彼女' 중 하나였다.

2. he와 '彼'는 다르다

이와 같은 번역사를 보면 일본어 '彼'는 영어 he 등과 거의 같은 뜻이라고 할 수 있을 것 같은데, 과연 그럴까?

그렇지 않다. '彼'와 he에는 의외로 커다란 차이가 있다고 나는 생각한다. 전통적으로 써온 일본어 '彼'는 he와 다르며, 오늘날 일본인들이 쓰는 '彼'도 결코 he가 아니라고 생각한다.

우선 he는 3인칭대명사이지만, '彼'는 본래 지시대명사다. 일본어에는 본래 3인칭대명사가 없었으며, 오늘날에도 사실은 없다고 하는 편이 옳다고 본다. 이 점은 일본인 중에서도 특히 외국어 교육을 많이 받은 사람일수록 의외로 잘 모르는 것 같다.

3인칭대명사는 앞에 나온 명사를 받아 대신 쓰는 것이 원칙이다. 따라서 3인칭대명사의 의미 내용은 앞에 나온 명사의 의미와 완전히 똑같다. 처음에 "Robert…"라고 하고는 다음 문장에서 "he…"라고 하면 he의 뜻은 Robert와 같다.

그런데 '彼'는 일본어의 지시대명사 가운데 '저것'에 해당하는 '아레あれ'와 동일하게 쓰였다. 일본의 지시어에는 근칭, 중칭, 원칭이 있는데, '고레これ(이것)', '고치라こちら(이쪽)' 등은 발언자에게 가까이 있거나 발언자의 세력 범위 안에 있는 것, '소레それ(그것)', '소치라そちら(그쪽)' 등은 듣는 사람에게 가까이 있거나 그 세력 범위 안에 있는 것, 그리고 '아레あれ(저것)'와 '아치라あちら(저쪽)' 등은 발언자와 듣는 사람 양쪽의 세력 범위 밖에 있는 것을 가리킨다.

즉 '彼'는 본래 발언자와 듣는 사람으로부터 멀리 떨어져 있는 것을 가리키는 지시어다. 이것은 곧 역으로 말하면 '彼'는 발언자의 위치와 직결되어 있는 셈이 된다. 그에 비해서 영어 등의 3인칭대명사는 발언자의 위치와 상관없이 객관적으로 이미 언급된 내용을 가리킬 때 쓴다. 예를 들어 처음 본 것을 가리키며 '아레'나 '彼'라고는 할 수 있지만, he라고는 말할 수 없는 것이 원칙이다.

다음으로 3인칭대명사는 1인칭대명사나 2인칭대명사와 형식적으로 대등하여 얼마든지 치환이 가능하다. 즉 he가 가리키는 사람은 I나 you에 해당하는 사람과 대등한 위치에 있다. 하지만 '彼'는 '고레(이것)'나 '소레(그것)'보다도 거리가 먼 것이다. 그런 만큼 의미도 더 약하고 가치도 떨어진다. 예를 들어 어떤 사람을 가리키며 오늘날에도 '아레(저것)'라는 표현을 쓰기도 하는데, 그런 경우에는 깔보는 듯한 느낌을 준다. '彼'의 경우도 본래는 마찬가지였다.

이상의 경우를 봐도 알 수 있듯이, '彼'란 본래 사람만이 아니라 물건을 가리킬 때도 쓰는 말이었다. 이 점에 대해 사전에서 조사해보기로 하자.

헵번의 『화영어림집성』(1867)에 의하면, KARE(즉, 彼)가

'that thing, that person, he'로 나온다. 우선 사물, 이어서 사람이 나열되어 있었다. 1886년에 나온 제3판에서도 마찬가지다. 1888년에 나온 다카하시 고로의 『한영대조이로하사전』에서는 '피彼, 거渠, 부夫, 저 사람, he, that man or woman'으로 나와 있다. 사물은 없고 사람만 나열되어 있는 셈이다. 1894년에 나온 모즈메 다카미의 『일본대사림』에서는 이와 반대로 사람은 없고 사물만 나열되어 있다. 즉 '가레'가 '저것. 멀리 떨어져 있는 사물의 이름을 대신해서 부르는 말'로 나와 있다. 1891년에 나온 『언해』, 1909년판 『언해』, 1911년판 가나자와 쇼자부로金沢庄三郎의 『사림辞林』에서는 하나같이 사람을 가리키는 대명사라는 말이 먼저 나오고 이어서 사물을 가리키는 대명사로 설명되어 있다.

요컨대 '彼'는 에도막부 말기부터 메이지 무렵까지 사람과 사물 모두를 가리키는 대명사였다. 좀 더 구체적으로 시기를 구분하면, 전반까지는 사람보다도 우선 사물을 가리켰으며, 후반에는 사물보다도 사람을 우선적으로 가리키는 식의 약간의 변화가 있었다고 할 수 있다.

3. 불필요한 말이었던 '彼', '彼女'

이상과 같이 '彼'라는 말은 서구어에서 사람을 가리키는 3인칭대명사와는 뜻이 상당히 다른 말이었다. 그러나 3인칭대명사의 번역어로 사용되기 시작한 이후로 그 뜻이 변한 것도 사실이다. 어떻게 변했을까? '彼'는 he와 뜻이 똑같은 말이 된 걸까? 그렇지 않다. 이제 어떻게 변했는지 살펴보자.

근대 이후에 '彼'라는 말의 의미가 변화하고 발달한 첫 번째 이유는 '彼'가 번역어로 쓰였다는 데 있다. 두 번째 이유는 번역문의 영향으로 일본어 문장이 변화함으로써, 그런 새로운 문장 속에서 '彼'가 쓰였다는 데 있다고 할 수 있다. 특히 소설에서의 용법이 중요하다. 즉 문장어로서의 역할이 가장 중요한 것이다. 그 후에 일상어로도 쓰였으며, 오늘날에도 문장어의 영향을 받은 용법으로 일상어에서 많이 쓰이고 있다.

국어국문학자 오쿠무라 쓰네야奥村恒哉가 쓴 「대명사 '그, 그녀, 그들'에 대한 고찰代名詞 '彼, 彼女, 彼等'の考察」(『국어국문国語国文』 23권 11호, 1954)이라는 논문이 있다. 기본 입장은 나와 다르지만 매우 훌륭한 논문이므로, 이제부터 이 논문과 대조해가며 내 생각을 기술하고자 한다.

우선 '彼' 등이 일본어 문장에 등장한 것에 대해 이 논문에서는 다음과 같이 설명하고 있다.

> 투르게네프의 『루딘』의 번역본으로는 후타바테이 시메이의 『부초うき草』(1897)와 1952년에 요네카와 마사오米川正夫가 번역한 것이 있다. 전자에서는 '彼'가 네 번 나오지만, 후자에서는 '彼(그)'가 302번, '彼女(그녀)'가 154번, '彼等(그들)'이 두 번 나온다. 이 정도라면 개인적인 문체의 차이로만 볼 수 없고, 일본어 자체의 일반적인 발전으로 봐야 할 것이다.

충분히 일리 있는 해석이다. 그러나 '일반적인 발전'이 있었다고 해도, 일본어 문장에서 '彼'가 서구 문장에서의 he와 비슷한 정도로 많이 쓰인 것은 아니다. 예를 들어 현대 작가인 아베 고보安部公房(1924~1993)의 『꿈의 병사夢の兵士』(1957)에 대한 영역본(앤드류 호바트 번역, 1970)의 경우를 보기로 하자. 일본어 원문에서는 '彼'가 한 번 나오는데, 번역문에서는 he가 스물여섯 번이나 나온다. '彼'와 he 사이에는 오늘날에도 여전히 상당한 거리가 있음을 알 수가 있다.

그러나 '彼'는 일본어 문장에서 차츰 용례가 늘어난다. 그렇다면 어떤 역할을 하게 되었을까? 오쿠무라 쓰네야의 논문을 다시 인용하겠다.

> 고골리의 작품을 번역한 후타바테이 시메이의 『초상화肖像画』(1897)와 히라이 하지메平井肇가 번역한 『초상화』(이와나미문고岩波文庫, 1937)를 비교해보자.
>
> 히라이 하지메의 번역문에서는 "한 번 더 그 야릇한 눈을 보고자 그彼는 초상화 옆으로 다가갔는데"라고 되어 있는 부분이 후타바테이 시메이의 번역문에서는 "또다시 초상의 야릇한 눈을 자세히 보고자 옆으로 다가가자"와 같은 식으로 단순히 생략된 예가 가장 많아 총 84건(주격 68건, 소유격 16건, 목적격 5건)이며, 전체의 66.1%에 해당한다. ……
>
> 즉 '彼'라는 새로운 말은 지금까지 존재해온 어떤 말을 대신해서 생겨난 것이 아니라 지금까지 공백이었던 곳을 주격과 소유격의 형태로 채우는 역할을 한 것이다. 특히 주격으로 채우는 경우가 가장 많았다(77건, 62%).

이런 의견에 대해 일본의 지식인 대다수가 찬성할 것

이다. 하지만 나는 반대한다. 일본어 번역문이나 번역 투의 일본어 문장에 '彼'와 같은 주어는 많아졌다. 하지만 그것은 "지금까지 공백이었던 곳"을 메운 것이 아니다. 언어체계에 '공백'이란 있을 수 없다. 예를 들어 서구의 문장과 비교하며 서구의 문장을 모델로 삼으면, 일본어 문장에 결여된 것처럼 보이는 어떤 '공백'이 있을 따름이다. 그런 다음에 분명히 일본어 문장이 변화했고 얼마 후에 사람들이 거기에 익숙해졌을 때, 과거를 회상하며 예전에 거기에 '공백'이 있었다고 느끼는 것에 불과하다.

번역어 '彼'는 '공백'을 메우기 위해 일본어 문장 속으로 들어온 것이 아니라 불필요한 말로서 침입한 것이라고 나는 생각한다. 특히 근대 초기의 용법에 그런 경향이 강하다.

불필요한 말로서의 '彼'나 '彼女'가 띤 어감은 당시 사람들의 용례를 통해 확인할 수가 있다. 오쿠무라 쓰네야의 언어 감각은 이 점을 놓치지 않는다. 다시 그의 논문을 인용해보기로 하자.

『당세서생기질』(1886)에, "흔히 말하는 말괄량이지만,

그녀彼女는 활발하다는 등의 말을 들으며 서생들의 환대를 받는 계집애다"라는 용례가 하나 나온다. 물론 이것은 유녀遊女를 지칭하는 말로, 은어 같은 뉘앙스가 있어 순수한 대명사라고는 하기 어렵지만, 이것이 '그녀彼女'라는 말의 첫 용례가 아닐까?

『유전流転』(1889)에서는 '그彼'가 두 번, 『사위 고르기聟えらび』(1890)에서는 '그彼'가 한 번, '그들彼等'이 두 번 나오는데, '그彼'는 어떤 불성실한 남자, '그들彼等'은 당시 이단자 취급을 받던 남녀교제론자를 가리키고 있어 순수한 대명사라고는 할 수 없다. 이것은 오자키 고요尾崎紅葉가 초기에 시도했던 것처럼, 지칭하는 인물에 대한 호기심을 수반한 경멸의 뜻을 강조한 예에 속한다.

여기서 '은어 같은 뉘앙스'라든가 '호기심을 수반한 경멸의 뜻'과 같은 것이 당시에 '彼'나 '彼女'에서 풍기던 어감이었던 것 같다.

이런 어감은 우선 앞서 말했듯이, 지시대명사의 원칭으로서 전해 내려오던 일본어 '彼'에서 비롯한 것이다. 이 말에는 깔보듯이 대상을 가리키는 것 같은 어감이 있다. 그러나 또한 여기에는 he나 she와 같은 3인칭대명사의 의미도 어느 정도 포함되어 있다. 즉 이 두 의미가 혼재되어 있는 것이다. 이 말을 당시의 젊은이들이 의식적으로 즐겨 썼음을 『당세서생기질』의 기술을 통해 알 수가 있다. '彼'나 '彼女'는 번역어 특유의 '효과'를 지닌 말이며, 이 '효과' 때문에 필요 없는 말인데도 일본어 속으로 들어온 것이다.

4. 주어가 필요 없는 문장

서구의 문장에서 he나 she 등은 우선 구문 상에서 행위의 주체인 주어를 항상 분명히 해두는 역할을 한다. 서구의 문장에서는 he나 she 등은 얼마든지 반복된다. 분명히 해두지 않으면 이해할 수 없어서 그런 것은 아니다. 논리적으로 필요하기 이전에 형식상으로 3인칭대명사 등의 인칭대명사가 많은 문장은 서구인에게는 독자가 친근감을 느끼는 첫 번째 조건인 셈이다. 그 배후에는 행위의 주체를 항상 분명히 밝히고, 책임자를 개체로서 파악해 명확히 해두는 사고 구조가 있다.

일본어 문장에서 보통 주어가 명확하지 않은 점에 대해서는 다양한 설명이 있다. 그러나 주어가 생략되었다고 보는 견해는 본래 주어가 있어야만 한다는 것을 전제로 한 것으로, 서구의 문장을 모델로 한 사고다. 이것은 타당하지 않다. 주어는 문맥상 파악이 가능하면 특별히 필요할 때를 제외하고는 표시하지 않는다는 것이 오히려 일본어에 적합한 사고다.

일본어에는 주어를 드러내기 어려운 경우가 한 가지 더 있다. 일본어 특유의 수동적인 표현이 쓰일 때다. 내가 이 책과 같은 글을 쓰면서, "…라고 나는 생각한다"라고 쓰면 말한 것에 대해 모든 책임을 져야만 하지만, "…라고 생각된다"라고 쓰면 어쩐지 책임이 경감되는 듯하여, 조금 자신이 없을 때는 그런 표현을 쓰고 싶어진다. '생각된다'라는 표현은 필연적으로 주어를 피할 수밖에 없다.

또한 일본인들은 '하다'가 아니라 '되다'라는 동사를 즐겨 쓴다. 회의석상에서 보고를 할 때, "이렇게 했습니다"라고 말하면 저항이 있지만, "이렇게 되었습니다"라고 말하면 무난히 통과된다고 한다. 이런 경우 "되었습니다"가 아니라 "했습니다"라고 해야 하지 않을까 하고 이의를 제기하는 것이 과연 옳은 일일까? 채소가게 주인이 "싸졌습니다"라고 말할 때, 그렇게 된 데에는 채소가게 주인만이 아니라 동업자나 손님도 얼마간 기여를 한 것 같은 느낌을 준다. '…라고 생각된다'라고 쓸 때, 그 내용은 필자 한 사람만의 생각이 아니라 다른 논자나 독자도 얼마간 동감을 하는 것으로 받아들여지듯이 말이다.

5. 다야마 가타이의 '彼'

그런데 '彼'나 '彼女'라는 말은 차츰 일본어 문장 속으로 침투해, 행위의 주체를 분명하게 밝히는 문장이 등장하기 시작했다. 서구 소설이나 번역소설의 영향을 받은 일본의 소설 문장의 경우가 특히 그랬다. 메이지 40년대(1907~1916)에 시작된 자연주의문학은 그 전형적인 경우에 속한다. 그런 문학작품에서 '彼'나 '彼女'는 어느 정도 쓰였는지를 살펴보기로 하자.

1907년에 『이불蒲団』을 발표한 다야마 가타이는 그 이듬해인 1908년에 단편소설 「어떤 병사一兵卒」를 썼다. 그 소설은 이렇게 시작된다.

> 그는 걷기 시작했다.

총이 무겁다. 배낭이 무겁다. 다리가 무겁다. 알루미늄 반합이 허리에 찬 검에 부딪히는 소리가 난다.

이하 이 주인공은 계속 '彼'로 표현된다. 많지는 않으나 이따금 나오는 주어는 '彼'다.

도중에 다른 병사가 가까이 다가오는데, 그 장면은 다음과 같이 묘사되어 있다.

대열 속에서 앗 하고 소리치는 자가 있다. 놀라서 보니 뜨거운 저녁 해에 물든 채 피를 뚝뚝 흘리며 그 병사는 푹 고꾸라졌다. 가슴에 총알을 맞은 것이다. 그 병사는 좋은 남자였다. 쾌활하고 소탈하여 무엇이든 마음에 두지 않았다. 신시로초新城町 출신으로 젊은 아내가 있다고 했다. 상륙 당시에는 함께 종종 징발을 하러 나가곤 했지. 돼지를 뒤쫓기도 했고. 하지만 그 남자는 더 이상 이 세상에 없다.

인용문에서 내가 밑줄 그은 단어는 만약 영어 문장이라면 he로 표현될 만한 것들이다. 특히 '그 병사'라는 말이 두 차례 연달아 나오는 부분에서 적어도 나중 것은 당연히

he로 표현되어야 한다.

요컨대 만약 다야마 가타이가 이 소설에서 쓴 '彼'가 he와 같은 3인칭대명사라면, 여기서 '彼'를 써야만 한다. 그렇지 않다는 것은 이 소설의 서두부터 등장하는 '彼'가 특정 인물, 즉 주인공만을 지칭하는 말이었음을 의미한다. 결국 이 말에는 통상적인 대명사의 본질적 기능이 결여된 셈이다. 명사를 대신하는 대명사가 아닌 것이다.

서두 부분에 '彼'가 나온다. 물론 그것은 3인칭대명사가 아니다. 문장 첫머리에 쓸 수 있다는 의미에서는, 이미 말했듯이 지시대명사 중 원칭과 같은 셈이다. 이후에 특정 인물을 가리킬 때 반복해서 썼다는 점에서는 3인칭대명사와 유사한 점이 있다. 그러나 특정 인물 이외의 사람을 가리킬 때는 쓰지 않는다는 점에서는 '명사'를 대신한다는 대명사의 기능이 결여되어 있다. 이 '彼'는 오히려 고유명사에 가깝다.

이 소설의 끝부분은 다음과 같다.

"안 됐군."
"정말 불쌍하네요. 어디 출신일까요?"

병사가 그彼의 주머니를 뒤졌다. 군대 수첩을 꺼내는 것을 알 수 있었다. 그彼의 눈에는 그 병사의 검고 씩씩한 얼굴, 그리고 군대 수첩을 읽기 위해 탁상의 촛불 근처로 다가가는 모습이 비쳤다. 미카와노쿠니三河国 아쓰미군渥美郡 후쿠에무라福江村 가토 헤이사쿠加藤平作…… 하고 읽는 소리가 이어서 들렸다. 고향의 모습이 다시 한 번 눈앞에 떠오른다. 어머니의 얼굴, 아내의 얼굴, 느티나무로 둘러싸인 커다란 집, 집 뒤로 이어지는 매끄러운 갯바위, 푸른 바다, 낯익은 어부의 얼굴…….

두 사람은 잠자코 서 있다. 얼굴은 창백하고 어둡다. 이따금 그 사람에 대한 동정의 말이 오간다. 그彼는 이미 죽음을 확실하게 자각하고 있었다. 하지만 그것이 그다지 괴롭게도 슬프게도 느껴지지 않는다. 두 사람이 문제 삼고 있는 것은 그彼 자신이 아니라 다른 어떤 물체인 것처럼 보인다. 단지 이 고통, 견디기 힘든 이 고통에서 벗어나고 싶을 따름이었다.

이 바로 다음에서 '그彼'가 죽고 소설은 끝난다.

죽어가는 '그彼' 옆에서 병사가 '그彼'의 이름을 읽고 있다. "가토 헤이사쿠加藤平作…." 그 소리를 들으면서 '그彼'에게는 "두 사람이 문제 삼고 있는 것은 그彼 자신이 아니라 다른 어떤 물체인 것처럼 보인다."

서두에 '그彼'가 있었다. 그것은 "미카와노쿠니…가토 헤이사쿠"와 같은 세상에서 통용되는 신분 증명과는 전혀 다르다. 3인칭 같기도 하고 1인칭 같기도 하지만, 결국 그 어느 쪽도 아닌 인칭을 초월한 존재다. 바로 그런 '그彼'라는 것에 작가 다야마 가타이는 어떤 운명을 의탁했다. 그것은 작가 자신의 운명과 가장 유사하다. 하지만 1인칭 소설은 아니다.

'그彼'는 서두에 등장하지만 정체를 알 수가 없다. '카세트'인 셈이다. 의미 불명이기에 작가는 거기에 의미를 담을 수가 있었다. 그렇게 해서 거기에 의미를 만들어갔다.

6. '그(彼)'에 의한 '나(私)'의 창조

다야마 가타이는 「어떤 병사」를 쓰기 한 해 전에 『이불』을 발표했다. 두말할 것도 없이 이 작품은 일본 근대문학사에 한 획을 그은 문제작이다. 내가 앞에서 「어떤 병사」에 대해 언급한 것은 다야마 가타이의 소설기법상 중요한 역할을 하는 '그彼'라는 말의 기능이 이 작품에 가장 잘 나타나 있기 때문이었다. 그런데 『이불』에서도 '그彼'가 비슷한 기능을 하고 있다.

『이불』의 서두는 이렇게 시작된다.

> 고이시카와小石川의 기리시탄자카切支丹坂에서 고쿠라쿠스이極楽水로 나오는 경사가 완만한 언덕을 내려가려고 하면서 그彼는 생각했다. "이것으로 자신과 그녀彼女와의 관계는 일단락되었다. 나이 서른여섯에 아이도 셋이나 있으면서 그런 생각을 하다니 어처구니가 없다. 하지만…하지만…정말로 이것이 사실일까?…"

『이불』의 제1장은 '그彼'와 '그녀彼女로 일관하다가 다음과 같은 문장으로 끝을 맺는다.

> "하지만, 더 이상은 안 된다!"
> 이렇게 외치며 그彼는 머리를 쥐어뜯었다.

이어서 제2장은 다음과 같은 문장으로 시작된다.

그彼의 이름은 다케나카 도키오竹中時雄라고 했다.

그러면서 사회의 상식적인 규범 속에서 통용되는 이름과 함께 주인공에 대한 묘사가 시작된다. 이름은 사회 안에서 존재한다. 비록 작가가 만든 것이지만 실재하는 것처럼 만든 이상, 이름은 실재하는 사회의 규범에서 벗어날 수 없다. 그렇기 때문에 「어떤 병사」에서도 '가토 헤이사쿠'라는 이름이 주소와 함께 발견된 다음, 이어서 '고향의 모습'이 떠오른 것이다.

'그彼'는 세상 속에 존재하지 않는다. 사회에서 통용되고 있는 일상적인 일본어에는 '그彼'라는 말이 없기 때문이다.

다야마 가타이가 이런 '그彼'나 '그녀彼女'를 쓴 것은 의도적이었으리라고 나는 생각한다. 의도적이라는 것은 그 말이 일본어 문맥상에서 주는 위화감을 충분히 알면서도 그런 위화감을 감수하고 썼다는 의미다. 제1장의 다음과 같은 문장이 그런 예다.

"어쨌든 기회는 사라졌다. 그녀彼女는 이미 타인의 소유다!"

걸으면서 그는 이렇게 소리치며 머리를 쥐어뜯었다.

'그彼'나 '그녀彼女'는 오늘날에도 소설의 대화문에 쓰이는 경우는 극히 드물다. 당시에는 더더욱 그런 경우가 없었을 것이다. '그녀彼女'라는 말이 다야마 가타이에게 이런 표현을 쓰게끔 했다.

어쨌든 다야마 가타이는 '그彼'나 '그녀彼女'라는 말을 쓰고 싶어했다. 일본어 문장에 없는 것이기 때문은 아니다. 다야마 가타이의 사상이 그러기를 원했기 때문이라는 해석도 옳지 않다. 번역어 '그彼'나 '그녀彼女'의 유혹을 받은 것이다. 다야마 가타이가 당시에 애독하던 서구 소설에서는 he나 she가 수없이 나왔다. 3인칭의 소설 문체가 완성되어 활발히 활용되고 있었던 것이다. 따라서 서구 문장에서의 he나 she는 그다지 특이할 것도 없었을 거다. 서구의 문장을 일본어로 번역하면서 '그彼'나 '그녀彼女'가 등장했는데, 당시는 점차로 그런 현상이 나타나기 시작한 시대다.

다야마 가타이는 일본어 문장에서 필요할 것 같으면서도 필요가 없는 이 말의 매력에 사로잡혔다. 그 결과 이 말에 예전에는 없던 중요한 역할을 부여하게 되었다. 의도적으로 '그彼'라는 말을 쓰자, 아마 생각지도 못했던 세계가 펼쳐졌을 거다. 앞서 말했듯이 '그彼'는 1인칭도 3인칭도 아니었지만, 그렇기 때문에 때로는 1인칭 같기도 하고 혹은 3인칭 같기도 한, 확정되지 않은 역할을 소설 무대에서 연출해냈다.

『이불』은 문학사상 일본 사소설私小說의 원조라고 한다. 그러나 내가 여기서 고찰해온 이 '피彼소설'(?)은 단지 작자인 '나私'에 대해 이야기하는 것은 아니다. '나私'를 '그彼'에 의탁하고 있다. 그리고 '나'를 이 작품에서 문제시하고 폭로하고자 하는 존재로 만들어간다. '그彼'가 이른바 3인칭의 성격을 갖고 있는 한도 내에서 작자인 '나'도 이 '그彼'를 통해 3인칭화되고 객관화되는 것이다.

'그彼'나 '그녀彼女'는 오늘날 일상회화에서도 많이 쓰이는데, 그 용례의 대부분은 앞서 얘기한 다야마 가타이의 소설에서의 용법과 별반 다를 바가 없다. 즉 3인칭의 성격이 농후하지만, he나 she와 같은 정도의 3인칭대명사는 아니다. 또한 지시대명사의 원칭과도 다르며, 극히 한정된 특정 인물만을 가리켜, 대명사적이면서 동시에 명사적이다. 게다가 긍정적인 가치를 지닌 어떤 존재를 가리킨다. 즉 젊은 사람들이 애인이나 남자친구, 여자친구를 가리킬 때도 자주 쓰는 말이다.[2)]

2) 일본어에서는 '彼'에 '氏'를 덧붙여서 '彼氏'가 남자친구를 뜻하며, '彼女'는 그대로 여자친구라는 뜻을 가진다.

역자 후기

야나부 아키라柳父章는 일본의 번역어 연구에 있어서 독보적인 존재다. 그는 주로 에도막부 말기에서 메이지 초기에 번역어가 탄생하는 과정을 근거로 해서 근대 일본의 학문과 사상의 성격을 '번역 문화'로 규정하기 위한 많은 업적을 남겼다. 그 대표적인 업적이 1982년에 출간된 이 책『프리덤, 어떻게 자유로 번역되었는가』(원제『翻訳語成立事情』)이다. 하지만 이 책 이전에도『번역어의 논리 : 언어로 보는 일본문화의 구조翻訳語の論理 : 言語にみる日本文化の構造』(1972),『번역이란 무엇인가 : 일본어와 번역 문화翻訳とはなにか : 日本語と翻訳文化』(1976)와 같은 저서를 통해 '번역 일본어'를 매개로 한 일본문화론을 시도한 바 있다. 또한 이 책 이후에도 번역어에 대한 관심이 지속되었음은 이후 출간된 책들을 통해 확인할 수가 있다.

그의 모든 저서들은 '번역 일본어'를 중심으로 해서 상호유기적인 관계에 있다. 가령 번역어 성립 법칙으로서 그가 강조하는 '카세트 효과'의 경우를 보자.

> 일본어에서 한자어가 갖는 이런 효과를 나는 '카세트 효과'라고 부른다. 카세트cassette란 작은 보석상자를 의미하며, 내용물이 뭔지 모르는 사람들까지도 매혹하고 끌어당기는 물건이다. '사회'도, 그리고 '개인'도 일찍이 이런 '카세트 효과'를 발휘한 단어였으며, 그 효과는 정도의 차는 있을지언정 오늘날의 일본인들에게도 여전하다고 나는 생각한다.

이것은 이 책에서 '카세트 효과'에 대해 가장 상세히 설명된 부분이다. 이 책에서 자주 반복되는 용어임에도 불구하고 개념 설명이 충분하지 않다는 느낌을 지울 수가 없었다. 그런데 『번역이란 무엇인가』를 읽어보고서 그 이유를 납득하게 되었다. 이 책 이전에 나온 『번역이란 무엇인가』에서 이미 '카세트 효과'에 대해 상세히 다루었던 것이다. 그의 저서들이 상호유기적인 관계에 있다는 것은 그런 의미다. 요컨대 '카세트 효과'는, 갓 만들어진 번역어가 처음에는 내용이 빈약하고 생소해 보이지만, 생소하기에 오히려 사람들을 매혹함으로써 의미가 풍부해지며 적절한 번역어로서 정착하는 데 결정적인 역할을 한다는 것이다. 따라서 '자유', '사회', '개인'과 같은 번역어들이 치열한 경쟁 속에서 살아남은 것은 가장 적절한 번역어라서가 아니라 그런 '카세트 효과'에 의해서라는 것이다. 즉 '카세트 효과'는 번역어의 성립 과정을 설명하는 저자의 핵심 이론이다.

이 책에서 야나부 아키라는 총 열 개의 개념어를 대상으로 근대 일본 번역어의 역사를 추적한다. '사회, 개인, 근대, 미, 연애, 존재, 자연, 권리, 자유, 그(그녀).' 이런 어휘들이 일본에서 19세기 중반에 서구의 사상을 받아들이면서 번역을 통해 탄생하는 과정을 실증적인 자료를 토대로 추적해가는 것이다. 19세기 중엽, 일본은 서양의 학문이나 사상, 제도, 지식 체계 등을 모방하고 흡수하기 위해 많은 노력을 기울였다. 쏟아져 들어오는 생소한 개념과 전문용어들을 어떻게 번역하여 보급할 것인가 하는 것은 당시의 지식인들에게 주어진 최대 과제였다. 문제는 단순히 단어의 번역에 있는 것이 아니었다. 번역하고자 하는 개념이나 현상 자체가 일본에 존재하지 않았다는 데에 있었다. 이 책에서 다룬 개념어들은 그런 악조건 속에서 번역자들이 고군분투하며 만들어낸 것들이며, 치열한 경쟁을 거쳐 살아남은 것들이다.

그렇게 해서 살아남은 번역어들은 대개 두 가지로 분류할 수 있다고 저자는 말한다. 즉 번역을 위해 당대에 주로 한자를 사용해 새로 만들어진 경우와, 기존의 일본어에 새로운 의미가 부여되어 번역어로 정착한 경우다. 두 가지 중 어떤 경우든 번역어가 원어의 의미를 고스란히 담기란 사실상 무척 어려운 일이다. 그렇기 때문에 번역 과정에서 서구의 개념들이 '일본적'으로 변질되거나 가공될 수밖에 없었다는 것을 저자는 구체적인 검증을 통해 밝혀낸다.

저자가 제시한 개념어들 가운데 특히 '미美'에 대해 논한 부분이 흥미롭다. 일본어에 뿌리를 두고 있지 않아 이해하기 어려운 말이었으며, 그래서 오히려 남용되었던 '미'의 성격을 교묘하게 이용한 작가로 미시마 유키오를 분석하고 있다. 평론 등에서는 '미'에 대해 매우 부정적이고 경멸적인 태도를 취한 미시마 유키오가 '미로 하여금 말하게 하는' 소설 『금각사』 등에서는 정체 불명의 신비로운 대상으로 '미'를 묘사한다고 저자는 말한다. 이른바 '신비주의' 작전을 쓴다는 것이다. 그러면 독자들은 그의 작전에 말려들어 '미'에 뭔가 중요한 의미가 담겨 있을 것 같은 느낌을 갖게 된다고 한다. 이것 역시 저자는 '카세트 효과'로 본다. 번역어 성립 법칙을 문학작품 분석에까지 응용한 독특한 시도라는 점에서 매우 흥미로웠다.

이 책에서 다룬 열 개의 개념어는 전부 우리말에서도 쓰이는 것들이다. 따라서 이런 번역어들 속에 '일본적'으로 변질되거나 가공된 서양의 개념들이 담겨 있다는 사실에 우리도 무관심할 수만은 없는 형편이다. 한국인들이 이 책에 많은 관심을 보이는 것은 그 때문일 것이다.

그러한 관심을 반영하듯, 이 책은 2003년에 번역 출간(『번역어 성립 사정』, 서혜영 옮김, 일빛)되었다. 그러나 이후 절판이 되어, 아쉬워하는 목소리가 많았다. 더욱이 '근대', '근대화', '근대성' 등이 학문적으로 주목을 받으면서, 번역과 번역어에 대한 연구도 활발히 이루어지는 상황에서 이 책의 가치가 재평가되어, 재번역을 요구하는 목소리가 드높았다. 그런 목소리를 반영하여 2011년에 『번역어의 성립』

(김옥희 옮김, 마음산책)이라는 제목으로 출간된 바 있으며, 그것을 이번에 보완 수정하여 조금은 더 나은 모습으로 다시 출간하게 되었다. 이 책의 가치를 인정하여 재출간의 기회를 준 AK커뮤니케이션즈에 감사드린다.

옮긴이 김옥희

IWANAMI 050

프리덤, 어떻게 자유로 번역되었는가

초판 1쇄 인쇄 2020년 3월 10일
초판 2쇄 발행 2024년 6월 30일

저자 : 야나부 아키라
번역 : 김옥희

펴낸이 : 이동섭
편집 : 이민규
디자인 : 조세연
영업 · 마케팅 : 송정환, 조정훈, 김려홍
e-BOOK : 홍인표, 최정수, 서찬웅, 김은혜, 정희철
관리 : 이윤미

㈜에이케이커뮤니케이션즈
등록 1996년 7월 9일(제302-1996-00026호)
주소 : 08513 서울특별시 금천구 디지털로 178, B동 1805호
TEL : 02-702-7963~5 FAX : 0303-3440-2024
http://www.amusementkorea.co.kr

ISBN 979-11-274-3160-0 04300
ISBN 979-11-7024-600-8 04080

이 도서의 국립중앙도서관 출판예정도서목록(CIP)은 서지정보유통지원시스템 홈페이지(http://seoji.nl.go.kr)와 국가자료공동목록시스템(http://www.nl.go.kr/kolisnet)에서 이용하실 수 있습니다. (CIP제어번호: CIP2020008158)

지성과 양심 이와나미岩波 시리즈

001 이와나미 신서의 역사 가노 마사나오 지음 | 기미정 옮김
이와나미 신서의 사상・학문적 성과의 발자취

002 논문 잘 쓰는 법 시미즈 이쿠타로 지음 | 김수희 옮김
글의 시작과 전개, 마무리를 위한 실천적 조언

003 자유와 규율 이케다 기요시 지음 | 김수희 옮김
엄격한 규율 속에서 자유의 정신을 배양하는 영국의 교육

004 외국어 잘 하는 법 지노 에이이치 지음 | 김수희 옮김
외국어 습득을 위한 저자의 체험과 외국어 달인들의 지혜

005 일본병 가네코 마사루, 고다마 다쓰히코 지음 | 김준 옮김
일본의 사회・문화・정치적 쇠퇴, 일본병

006 강상중과 함께 읽는 나쓰메 소세키 강상중 지음 | 김수희 옮김
강상중의 탁월한 해석으로 나쓰메 소세키 작품 세계를 통찰

007 잉카의 세계를 알다 기무라 히데오, 다카노 준 지음 | 남지연 옮김
위대하고 신비로운「잉카 제국」의 흔적

008 수학 공부법 도야마 히라쿠 지음 | 박미정 옮김
수학의 개념을 바로잡는 참신한 교육법

009 우주론 입문 사토 가쓰히코 지음 | 김효진 옮김
물리학과 천체 관측의 파란만장한 역사

010 우경화하는 일본 정치 나카노 고이치 지음 | 김수희 옮김
낱낱이 밝히는 일본 정치 우경화의 현주소

011 악이란 무엇인가 나카지마 요시미치 지음 | 박미정 옮김
선한 행위 속에 녹아든 악에 대한 철학적 고찰

012 포스트 자본주의 히로이 요시노리 지음 | 박제이 옮김
자본주의 · 사회주의 · 생태학이 교차하는 미래 사회상

013 인간 시황제 쓰루마 가즈유키 지음 | 김경호 옮김
기존의 폭군상이 아닌 한 인간으로서의 시황제를 조명

014 콤플렉스 가와이 하야오 지음 | 위정훈 옮김
탐험의 가능성으로 가득 찬 미답의 영역, 콤플렉스

015 배움이란 무엇인가 이마이 무쓰미 지음 | 김수희 옮김
인지과학의 성과를 바탕으로 알아보는 배움의 구조

016 프랑스 혁명 지즈카 다다미 지음 | 남지연 옮김
막대한 희생을 치른 프랑스 혁명의 빛과 어둠

017 철학을 사용하는 법 와시다 기요카즈 지음 | 김진희 옮김
'지성의 폐활량'을 기르기 위한 실천적 방법

018 르포 트럼프 왕국 가나리 류이치 지음 | 김진희 옮김
트럼프를 지지하는 사람들의 생생한 목소리

019 사이토 다카시의 교육력 사이토 다카시 지음 | 남지연 옮김
가르치는 사람의 교육력을 위한 창조적 교육의 원리

020 원전 프로파간다 혼마 류 지음 | 박제이 옮김
진실을 일깨우는 원전 프로파간다의 구조와 역사

021 허블 이에 마사노리 지음 | 김효진 옮김
허블의 영광과 좌절의 생애, 인간적인 면모를 조명

022 한자 시라카와 시즈카 지음 | 심경호 옮김
문자학적 성과를 바탕으로 보는 한자의 기원과 발달

023 지적 생산의 기술 우메사오 다다오 지음 | 김욱 옮김
지적인 정보 생산을 위한 여러 연구 비법의 정수

024 조세 피난처 시가 사쿠라 지음 | 김효진 옮김
조세 피난처의 실태를 둘러싼 어둠의 내막

025 고사성어를 알면 중국사가 보인다
이나미 리쓰코 지음 | 이동철, 박은희 옮김
중국사의 명장면 속에서 피어난 고사성어의 깊은 울림

026 수면장애와 우울증 시미즈 데쓰오 지음 | 김수희 옮김
우울증을 예방하기 위한 수면 개선과 숙면법

027 아이의 사회력 가도와키 아쓰시 지음 | 김수희 옮김
아이들의 행복한 성장을 위한 교육법

028 쑨원 후카마치 히데오 지음 | 박제이 옮김
독재 지향의 민주주의자이자 희대의 트릭스터 쑨원

029 중국사가 낳은 천재들 이나미 리쓰코 지음 | 이동철, 박은희 옮김
중국사를 빛낸 걸출한 재능과 독특한 캐릭터의 인물들

030 마르틴 루터 도쿠젠 요시카즈 지음 | 김진희 옮김
평생 성서의 '말'을 설파한 루터의 감동적인 여정

031 고민의 정체 가야마 리카 지음 | 김수희 옮김
고민을 고민으로 만들지 않을 방법에 대한 힌트

032 나쓰메 소세키 평전 도가와 신스케 지음 | 김수희 옮김
일본의 대문호 나쓰메 소세키의 일생

033 이슬람문화 이즈쓰 도시히코 지음 | 조영렬 옮김
이슬람 세계 구조를 지탱하는 종교・문화적 밑바탕

034 아인슈타인의 생각 사토 후미타카 지음 | 김효진 옮김
아인슈타인이 개척한 우주의 새로운 지식

035 음악의 기초 아쿠타가와 야스시 지음 | 김수희 옮김
음악을 더욱 깊게 즐기는 특별한 음악 입문서

036 우주와 별 이야기 하타나카 다케오 지음 | 김세원 옮김
거대한 우주 진화의 비밀과 신비한 아름다움

037 과학의 방법 나카야 우키치로 지음 | 김수희 옮김
과학의 본질을 꿰뚫어본 과학론의 명저

038 교토 하야시야 다쓰사부로 지음 | 김효진 옮김
일본 역사학자가 들려주는 진짜 교토 이야기

039 다윈의 생애 야스기 류이치 지음 | 박제이 옮김
위대한 과학자 다윈이 걸어온 인간적인 발전

040 일본 과학기술 총력전 야마모토 요시타카 지음 | 서의동 옮김
구로후네에서 후쿠시마 원전까지, 근대일본 150년 역사

041 밥 딜런 유아사 마나부 지음 | 김수희 옮김
시대를 노래했던 밥 딜런의 인생 이야기

042 감자로 보는 세계사 야마모토 노리오 지음 | 김효진 옮김
인류 역사와 문명에 기여해온 감자

043 중국 5대 소설 삼국지연의 · 서유기 편 이나미 리쓰코 지음 | 장원철 옮김
중국문학의 전문가가 안내하는 중국 고전소설의 매력

044 99세 하루 한마디 무노 다케지 지음 | 김진희 옮김
99세 저널리스트의 인생 통찰과 역사적 증언

045 불교입문 사이구사 미쓰요시 지음 | 이동철 옮김
불교 사상의 전개와 그 진정한 의미

046 중국 5대 소설 수호전 · 금병매 · 홍루몽 편 이나미 리쓰코 지음 | 장원철 옮김
「수호전」, 「금병매」, 「홍루몽」의 상호 불가분의 인과관계

047 로마 산책 가와시마 히데아키 지음 | 김효진 옮김
'영원의 도시' 로마의 거리마다 담긴 흥미로운 이야기

048 카레로 보는 인도 문화 가라시마 노보루 지음 | 김진희 옮김
인도 요리를 테마로 풀어내는 인도 문화론

049 애덤 스미스 다카시마 젠야 지음 | 김동환 옮김
애덤 스미스의 전모와 그가 추구한 사상의 본뜻

050 프리덤, 어떻게 자유로 번역되었는가 야나부 아키라 지음 | 김옥희 옮김
실증적인 자료로 알아보는 근대 서양 개념어의 번역사

051 농경은 어떻게 시작되었는가 나카오 사스케 지음 | 김효진 옮김
인간의 생활과 뗄 수 없는 재배 식물의 기원

052 말과 국가 다나카 가쓰히코 지음 | 김수희 옮김
국가의 사회와 정치가 언어 형성 과정에 미치는 영향

053 헤이세이(平成) 일본의 잃어버린 30년 요시미 슌야 지음 | 서의동 옮김
헤이세이의 좌절을 보여주는 일본 최신 사정 설명서

054 미야모토 무사시 우오즈미 다카시 지음 | 김수희 옮김
『오륜서』를 중심으로 보는 미야모토 무사시의 삶의 궤적

055 만요슈 선집 사이토 모키치 지음 | 김수희 옮김
시대를 넘어 사랑받는 만요슈 걸작선

056 주자학과 양명학 시마다 겐지 지음 | 김석근 옮김
같으면서도 달랐던 주자학과 양명학의 역사적 역할

057 메이지 유신 다나카 아키라 지음 | 김정희 옮김
다양한 사료를 통해 분석하는 메이지 유신의 명과 암

058 쉽게 따라하는 행동경제학 오타케 후미오 지음 | 김동환 옮김
보다 좋은 행동을 이끌어내는 넛지의 설계법

059 독소전쟁 오키 다케시 지음 | 박삼헌 옮김
2차 세계대전의 향방을 결정지은 독소전쟁의 다양한 측면

060 문학이란 무엇인가 구와바라 다케오 지음 | 김수희 옮김
바람직한 문학의 모습과 향유 방법에 관한 명쾌한 해답

061 우키요에 오쿠보 준이치 지음 | 이연식 옮김
전 세계 화가들을 단숨에 매료시킨 우키요에의 모든 것

062 한무제 요시카와 고지로 지음 | 장원철 옮김
생동감 있는 표현과 핍진한 묘사로 되살려낸 무제의 시대

063 동시대 일본 소설을 만나러 가다 사이토 미나코 지음 | 김정희 옮김
문학의 시대 정신으로 알아보는 동시대 문학의 존재 의미

064 인도철학강의 아카마쓰 아키히코 지음 | 권서용 옮김
난해한 인도철학의 재미와 넓이를 향한 지적 자극

065 무한과 연속 도야마 히라쿠 지음 | 위정훈 옮김
현대수학을 복잡한 수식 없이 친절하게 설명하는 개념서

066 나쓰메 소세키, 문명을 논하다 미요시 유키오 지음 | 김수희 옮김
나쓰메 소세키의 신랄한 근대와 문명 비판론

067 미국 흑인의 역사 혼다 소조 지음 | 김효진 옮김
진정한 해방을 위해 고군분투해온 미국 흑인들의 발자취

068 소크라테스, 죽음으로 자신의 철학을 증명하다 다나카 미치타로 지음 | 김지윤 옮김
철학자 소크라테스가 보여주는 철학적 삶에 대한 옹호

069 사상으로서의 근대경제학 모리시마 미치오 지음 | 이승무 옮김
20세기를 뜨겁게 달군 근대경제학을 쉽게 설명

070 사회과학 방법론 오쓰카 히사오 지음 | 김석근 옮김
여러 사회과학 주제의 이해를 돕고 사회과학의 나아갈 길을 제시

071 무가와 천황 이마타니 아키라 지음 | 이근우 옮김
무가 권력과 길항하며 천황제가 존속할 수 있었던 이유

072 혼자 하는 영어 공부 이마이 무쓰미 지음 | 김수희 옮김
인지과학 지식을 활용한 합리적인 영어 독학

073 도교 사상 가미쓰카 요시코 지음 | 장원철, 이동철 옮김
도교 원전을 통해 도교의 전체상을 파악

074 한일관계사 기미야 다다시 지음 | 이원덕 옮김
한일 교류의 역사를 통해 관계 개선을 모색

075 데이터로 읽는 세계경제 미야자키 이사무, 다야 데이조 지음 | 여인만 옮김
세계경제의 기본구조에 관한 주요 흐름과 현안의 핵심을 파악

076 동남아시아사 후루타 모토오 지음 | 장원철 옮김
교류사의 관점에서 살펴보는 동남아시아 역사의 정수

077 물리학이란 무엇인가 도모나가 신이치로 지음 | 장석봉, 유승을 옮김
현대문명을 쌓아올린 물리학 이야기를 흥미롭게 풀어낸 입문서

078 일본 사상사 스에키 후미히코 지음 | 김수희 옮김
일본의 역사적 흐름을 응시하며 그려나가는 일본 사상사의 청사진

079 민속학 입문 기쿠치 아키라 지음 | 김현욱 옮김
민속학의 방법론으로 지금, 여기의 삶을 분석

080 이바라기 노리코 선집 이바라기 노리코 지음 | 조영렬 옮김
한국 문학을 사랑했던 이바라기 노리코의 명시 모음

081 설탕으로 보는 세계사 가와키타 미노루 지음 | 김정희 옮김
설탕의 역사를 통해 들여다보는 세계사의 연결고리.

082 천하와 천조의 중국사 단조 히로시 지음 | 권용철 옮김
'천하'와 '천조'의 전모를 그려낸 웅대한 역사 이야기

083 스포츠로 보는 동아시아사 다카시마 고 지음 | 장원철, 이화진 옮김
동아시아 스포츠의 역사와 당시 정치적 양상의 밀접한 관계!

084 슈퍼파워 미국의 핵전력 와타나베 다카시 지음 | 김남은 옮김
미국 핵전력의 실제 운용 현황과 안고 있는 과제

085 영국사 강의 곤도 가즈히코 지음 | 김경원 옮김
섬세하고 역동적으로 그려내는 영국의 역사